法藏知津

六　編

杜潔祥 主編

第 7 冊

印順中觀思想及其繹論（上）

歐陽鎮 著

花木蘭文化事業有限公司

國家圖書館出版品預行編目資料

印順中觀思想及其繹論（上）／歐陽鎮 著 — 初版 — 新北市：
花木蘭文化事業有限公司，2019〔民 108〕
序 2+ 目 2+134 面；19×26 公分
（法藏知津六編 第 7 冊）
ISBN 978-986-485-391-5（精裝）
1. 釋印順 2. 學術思想 3. 佛教哲學
030.8　　　　　　　　　　　　　　107001888

ISBN-978-986-485-391-5

9 789864 853915

法藏知津六編
第 七 冊　　　　　　　　ISBN：978-986-485-391-5

印順中觀思想及其繹論（上）

作　　者　歐陽鎮
主　　編　杜潔祥
副總編輯　楊嘉樂
編　　輯　許郁翎
出　　版　花木蘭文化事業有限公司
社　　長　高小娟
聯絡地址　235 新北市中和區中安街七二號十三樓
　　　　　電話：02-2923-1455 ／傳眞：02-2923-1452
網　　址　http://www.huamulan.tw 信箱 hml 810518@gmail.com
印　　刷　普羅文化出版廣告事業
初　　版　2019 年 3 月
定　　價　六編 17 冊（精裝）新台幣 36,000 元　　版權所有・請勿翻印

印順中觀思想及其繹論（上）

歐陽鎮　著

作者簡介

　　歐陽鎮，1965 年 9 月出生於江西省景德鎮市，祖籍江西省都昌縣。南京大學博士研究生。香港中文大學訪問學者。現爲江西省社會科學院研究員、宗教研究所所長、哲學研究所副所長，兼任江西同心智庫專家、《東方禪文化》主編等。著作有《江西佛教研究》、《中國佛教歷史與文化》、《東林大佛話淨土》（合著）等，譯注有《百喻經》（合作）。在海內外發表學術論文九十餘篇。

提　要

　　本書從五個方面對印順中觀思想進行較全面、深入的探討。（1）從印順與中觀的因緣，以及印順研究中觀的抉擇與成就來論述印順中觀思想形成的過程。（2）分四個層次闡述印順中觀思想的主要內容。第一層從緣起深義、緣起法門、八不緣起、緣起三性、緣起定律五個方面論析印順的緣起觀；第二層從性空實義、空之分類、性空現觀三個方面闡釋其性空觀；第三層從二諦意義、二諦內容、二諦無礙三個方面論述其二諦觀；第四層從中道含義、中道正見、中道證觀三個方面剖析其中道觀。（3）綜合概括印順中觀思想的三個主要特徵：空有無礙、貫通三乘和會通三系。（4）分三個層次論述由印順中觀思想延伸的菩薩道相關問題。第一層闡述菩薩道的含義與特徵，並深入探討菩薩道與中觀思想的關係，菩薩與聲聞的差異，以及菩薩的菩薩道與聲聞的解脫道的異同等問題；第二層詳盡敘述菩薩道的宗要與核心；第三層從人菩薩行的福德莊嚴、智慧莊嚴的主要內容和福慧雙修的理路分析菩薩道的修行體系，並解析般若道與方便道的不同修行次第。（5）較全面探討印順人間佛教的理論體系，闡明印順人間佛教的影響，以及論述印順人間佛教的評價。

序

　　印順法師是二十世紀對海峽兩岸佛學研究具有重要影響的佛教思想家，著名的中觀學者，也是當代中國佛教界最著名的學者型僧人。他一生筆耕不輟，著作等身，思想豐富而龐大，如何把握其思想特點，全面瞭解其思想各部份的關係，尤其是印順中觀思想與其人間佛教的關係，對於深入理解現當代人間佛教的特質，無疑具有十分重要的意義。

　　對於印順人間佛教思想的形成和來源問題，在學術界有多種說法，其中，印順中觀思想與其人間佛教究竟是一種什麼關係，歐陽鎮的博士論文「印順中觀思想研究」，對此進行了較為系統深入的探討。

　　歐陽鎮的博士論文，以印順中觀思想為研究對象，著重論述了印順中觀思想的主要內容及特徵，分析了印順中觀思想與菩薩道之間的關係，以及印順中觀思想與其人間佛教思想的內在關聯性。應該說，這是一個較好的視角，從而使論文具有較強的思辨色彩。加之，論文資料翔實，分析論證也比較縝密，使得論文具有較高的學術價值。

　　歐陽鎮在南京大學攻讀博士學位期間，學習刻苦認真，研讀了大量中國哲學、特別是佛學方面的典籍，專業基礎紮實，撰寫並發表了多篇論文，有較強的獨立研究能力。其博士論文是在深入研讀大量印順著作，並參考、吸收前人相關研究成果基礎上獨立完成的。現在，他在博士論文的基礎上修訂、擴展和深化而形成的《印順中觀思想及其繹論》即將付梓，相信本書的出版，將會把人間佛教的研究進一步推向深入，隨喜寫上幾句，是為序。

賴永海

2016 年 10 月於南京大學

目

次

導　言

　　印順法師（1906～2005）是二十世紀中國佛教思想家，被譽爲「自宋迄今對中觀研究最有貢獻的學者」。他一生致力於中觀學研究，主要著作有《性空學探源》、《中觀今論》、《中觀論頌講記》等，這些著作被推崇爲「當代斯學的第一流著作」和「不朽之作」。他對中觀學的闡釋，不僅豐富充實其佛學思想理論體系，而且使其佛學思想在大陸、臺灣，甚至在東南亞得以廣泛弘揚，因而被贊爲「民國佛學界之一絕」。

　　印順中觀思想是其佛學思想之精髓，並貫穿於其所有佛學著作之中。如此重要的思想在僧俗兩界卻少有人涉足研究。大陸惟有郭朋對印順中觀思想作過詮釋。教界也只有屈指可數的幾位海外人士，如李恒鉞提出中觀最接近印順的基本原則，並最能代表印順，並進一步闡述印順中觀思想承續印度龍樹菩薩的中觀學。許巍文指出印順中觀思想是直探佛法的核心，明確肯定這一思想是佛法與世法的唯一橋梁，它打破了千百年來人們對佛法的誤解，評判了以爲佛法是出世的而不入世，以爲佛法是消極的而不積極的看法。形成這種貧乏學術成果的強烈反差，可能是由於過去印順的佛學著作僅限於臺灣教界流通有關。有鑒於此，本人在攻博期間，曾做過相關研究，工作後又作了深入思考，撰寫了系列論文發表。伴隨 2009 年 8 月《印順法師佛學論著全集》在大陸中華書局正式出版發行，以及 2010 年和 2011 年印順系列著作在大陸的出版，學術界對印順中觀思想的研究很可能會形成新熱點，研究領域會進一步拓展，學術成果也會不斷湧現。

　　印順中觀思想是其人間佛教之源，這是本文須論證的重要結論。人間佛教倡導者太虛大師於 1931 年在全國佛教界開展聲勢浩大的改革運動，提出佛

教三大革命，其中教理革命的主要內容即人間佛教。然而其所倡導的人間佛教不為社會各界所接受，重要原因之一是缺乏有力的佛學理論作論證，這也是導致他改革失敗的一個重要方面。印順法師在總結太虛改革的經驗教訓中洞察到這一點，他以後的研究非常注重闡發中觀思想，以論證其人間佛教。

太虛大師的改革雖未成功，但是他倡導的人間佛教理念卻深入人心，成為當代中國佛教發展的長期指導思想。繼太虛之後，有印順法師和趙樸初居士等提倡人間佛教，並使人間佛教理論得以進一步成熟和完善。直到 1983 年，趙樸初居士才在《中國佛教協會三十年》報告中提出人間佛教思想是解決在「當今時代，中國佛教向何處去？」的重大問題。而印順法師在四十年代初就著手人間佛思想的研究，並在實踐開展中積累了豐富經驗，值得大陸佛教界從中吸取其精華。這樣不僅有助於創建新型的人間佛教，諸如以全國樣板叢林著稱的江西雲居山、以「一日不作、一日不食」聞名的江西百丈山等為適應社會而調整自身，繼續發揚人間佛教精神，而且有助於發展海峽兩岸佛教文化交流和構建和諧社會。目前，學界對印順人間佛教的形成問題，有多種說法，諸如三論與唯識、太虛大師的人生佛教、《阿含經》和廣《律》、日本佛教學者、梁漱溟等新儒家學者等，這些說法似未抓住主要的理論來源問題，特別是未深入探討印順中觀思想與其人間佛教之關係。本人認為，應從印順中觀思想為切入點，來探討其人間佛教理論，才能理清其中的邏輯關係。

從印順中觀思想到人間佛教建構邏輯發展論證，是一個具有極為廣博內容的論題。既涉及到佛教理論，又關係到實修境界；既牽涉到佛教歷史，又聯繫到佛教現實。為此，本人經過多年的研究和探討，較順利地完成了這一課題。

本文內容結構上，分為五章，章下設節目。按先後順序，每一章的具體內容分別為：印順中觀思想的形成、印順中觀思想的主要內容、印順中觀思想的顯著特徵、印順中觀思想與菩薩道和印順中觀思想與人間佛教。從各章來看，每一章內容均有一個鮮明的主題，並構成一個較完整的理論體系。從總體來說，從第一章至第五章，每一章與其後一章都是一環扣一環的，具有嚴密的邏輯發展程序。也就是說，全文緊緊圍繞一根主線，即從印順中觀思想推理演化而形成人間佛教的邏輯過程，展開全面的論述。如果以最後一章印順中觀思想與人間佛教為章的起點，依次按章逆推，那麼全文可以說是一種回歸溯源性的探討。這種回歸溯源性的探究有別於以往學術界將印順人間

佛教簡單的歸爲某一種來源，或者同時視爲幾種來源而形成的看法。如臺灣
的楊惠南教授認爲印順人間佛教有五個來源：對《三論》與唯識法門的研究
心得；太虛人生佛教的啓發；《阿含經》和廣《律》所含有的現實人間的親切
感；日本佛學家的治學方法；梁漱溟等新儒家學者的關佛風尚。而黃夏年教
授則重點指出了印順人間佛教兩個主要來源：一是《阿含經》中「諸佛世尊
皆出人間，不在天上成佛也」的觀點；二是太虛的與時俱進思想、人生佛教
理論和人間淨土理想。儘管印順人間佛教的來源存在多種不同看法，但有一
個共同點，就是認爲印順人間佛教與太虛人生佛教分不開。這些分析雖然有
一定的道理，但是從學術上來說，缺乏完整性和系統性。針對這一問題，本
文對印順人間佛教的形成過程作了較爲完整和系統的論述，特別是指出從印
順中觀思想到人間佛教建構，必須經歷菩薩道的推理演化，其間不是簡單直
接的因果關係。因此，可以說，菩薩道思想體系在印順中觀思想至人間佛教
建構之間起到了一個橋梁紐帶作用，這也充分肯定了菩薩道思想的地位和作
用。然而，學術界在探討印順人間佛教思想源流時，這一點長期以來卻被忽
視。

　　本文的學術價值，就在於塡補了印順法師佛學思想研究領域的空白，開
拓了對印順中觀思想進行全面而又系統論述的先河。印順法師是現當代最爲
著名佛學理論家，近年隨著其佛學著作全集在大陸正式出版發行，研究印順
法師佛學思想也受到重視。然而，對印順法師中觀思想及其演變的研究，目
前尚未有人涉足，本文的內容可以說是最新的研究成果。這些成果，不僅有
助於研究印順法師佛學思想提供參考和借鑒，而且有助於深化對菩薩道、人
間佛教等方面的研究。本文的應用價值則主要體現在爲印順人間佛教提供理
論支撐。印順人間佛教對當代佛教具有方向指導性的意義，具有重要的地位
和作用。在國內外華人佛教圈中已經產生了很大的影響，尤其是對中國華人
佛教圈（即大陸、香港和臺灣三個華人圈的佛教）影響相當深廣。不過，印
順人間佛教對這三個華人圈佛教的影響程度存在一定的差異，相比而論，對
臺灣華人圈佛教的影響最大。所有這些影響，最終都離不開對印順中觀思想
邏輯論證的堅實基礎。另外，本文作爲專著形式，內容豐富，思想深刻，論
證到位，在國內學界尚屬較前沿的話題，尤其在菩薩道思想、人間佛教理論
體系等方面，與當代佛教界所提倡的內容契理契機，可謂意義深遠。

第一章 印順中觀思想的形成

　　印順法師（1906～2005），俗姓張，名鹿芹，法名印順，浙江海寧人。他是當代佛學泰斗、中觀學者、人間佛教的倡導者和實踐者。青年時就接觸到佛教，並且具有較深厚的佛學理論基礎。1930 年，在福建省福泉庵剃度出家。出家後主要從事佛學理論研究和弘法利生事業。他一生堅信因緣，深研中觀，並為之探究和弘揚，從而在佛法判教和中觀研究上取得了豐碩的成就，這也為其中觀思想的形成奠定了堅實的基礎。

第一節 印順與中觀的因緣

一、生平與著作

　　關於印順法師生平，記載較全面的文字資料集中在《印順法師略傳》、《印順法師年譜》、《遊心法海六十年》（該文收入在《華雨集（五）》）、《平凡的一生》（重訂本）等文獻中，其中《平凡的一生》記載的時間跨度最長（印順法師九十三歲時對這本書做了最後的修正和補充，而且囑咐「身後出版」），而且敘述的事蹟最為詳盡。現在我們主要根據這些文獻資料提供的情況來對印順法師的生平與著作作一介紹，從中可以看出印順法師所信義理、宗派意識和自認根性都與其中觀思想具有密不可分的關係。

　　從所信義理來說，印順法師堅信因緣不可思議。印順法師很早就與佛教結下了因緣。1924 年，印順法師在一小學教書，因學校與佛寺相聯，他就在寺中飲食（因學校沒有素食），也就接觸到佛教。1925 年，他在這裡讀到馮夢

禎的《莊子》序中所說：「然則莊文郭（象）注，其佛法之先驅耶！」〔註1〕，遂引起探究佛法的動機。從此，他的興趣也發生極大的轉變，從丹經、術數，到《老子》、《莊子》、《孔孟四書》、《舊約》、《新約》，再到佛教的經論，這種思想的轉變是沒有任何人指導而全憑自修所得的。他曾自述過，為了探求佛法，他只能到附近幾處小廟中去求學，並在廟裏得到了《金剛經石（成金）注》、《龍舒淨土文》、《人天眼目》殘本等。前二部，他讀了有點瞭解，卻覺得意義並不相同。讀了《人天眼目》，只知禪宗有五家宗派而已。後來無意中，在商務印書館的目錄中，發現有佛書，於是購到了《成唯識論學記》、《相宗綱要》、《三論宗綱要》。因《三論宗綱要》而知道三論，設法購得《中論》與《三論玄義》，其後又求到了嘉祥的三論疏。因他沒有良好的國文基礎，修學這麼精深的法門，艱苦是可想而知的！他初讀《中論》（青目注本），可說完全不瞭解。然而，不瞭解反而更愛好，他只怪自己的學力不足。同時他也感到，佛法是那樣的高深，使他嚮往不已！家庭的變故，加深了印順法師對佛法的思索。1928 年，他晚年健康的慈母，突患腦膜炎而死了。同年秋天，共住祖宅的叔祖父士淦公，因肺病去世。1929 年夏，父親又在終日安詳睡眠中去世。這諸多體現佛教「諸行無常」、「愛別離苦」的現象發生，使他在憂苦不堪中，成就了出家學佛的決心。1929 年，他自述道：「開始了宗教的追求。末了，我選擇佛教，並進一步的出了家。」〔註2〕

　　印順法師出家後，十分注重因緣。在他的《平凡的一生》中第一部份的標題就列為「一生難忘是因緣」。他認為，因緣具有決定一切的作用和功能。他從自己 1953 年的親身化緣經歷中得出：「因緣決定一切，既然去不得香港，只有另想辦法，設法將功德款移來臺灣，搞臺灣建築了。」〔註3〕以後他在日常生活中遇到任何問題都是持這種看法，他說：「一切是不能盡如人意的，一切讓因緣去決定吧！」〔註4〕

　　印順法師認為因緣既複雜，又不可思議。他在臺灣受到衝擊後，感到因緣確實相當複雜。他結合自己的經歷，談到在 1949 年時的感受：「《佛法概論》為我帶來了麻煩，然我也為他而沒有在大陸受苦，因緣就是那樣的複

〔註1〕　印順著：《華雨集》第五冊，南普陀寺慈善事業基金會印，2002 年，第 4 頁。

〔註2〕　印順著：《我之宗教觀》，正聞出版社，1992 年，第 301 頁。

〔註3〕　潘煊著：《法影一世紀——印順導師百歲》，天下遠見出版股份有限公司，2005 年，第 62 頁。

〔註4〕　印順導師著：《平凡的一生》，正聞出版社，2005 年，第 79 頁。

雜！」〔註5〕以後出現的一系列意想不到的情況發生，也許正如他自己所說：「無限因緣的錯雜發展，終於形成了非去我不可的漫天風雨。」〔註6〕最後他總結一生的經歷後，說：「自己如水面的一片落葉，向前流去，流去。忽而停滯，又忽而團團轉。有時激起了浪花，爲浪花所掩蓋，而又平靜了，還是那樣的流去。爲什麼會這樣？不但落葉不明白，落葉那樣的自己也不太明白。只覺得——有些是當時發覺，有些是事後發現，自己的一切，都在無限複雜的因緣中推移。」〔註7〕與此同時，印順法師更加堅信因緣是不可思議的。1954年在籌集福嚴精舍建築經費時，他非常明確地說：「這一因緣，是不可思議的！」〔註8〕1967年在車禍中體會到：「我只是深信因緣不可思議，如業緣未盡，怎麼也不會死的（自殺例外）。」〔註9〕他對因緣領會都是從一些具體的事件中而來的。他在回憶錄中記敘所遭遇的一系列災難後得出：「經過曲折而希奇，因緣是不可思議的！」〔註10〕「遠離政治動亂的苦難，我有意外的因緣；到臺灣也就有較安全的因緣——因緣是那樣的不可思議！」〔註11〕「因緣的追逼而來，眞是太不可思議了！」〔註12〕「暴風雨要來了，但不可思議的因緣也出現了！」〔註13〕「而我竟那樣做了，只能說因緣不可思議！」〔註14〕「這是又一次的不可思議因緣，中佛會的緊急決議，幫助完成了我的意願——切勿勞動信眾，集中機場歡迎。」〔註15〕經過這些片斷回憶後，依然得出：「這些，在我的回憶中，覺得有些因緣是難以思議的。」〔註16〕由於有自己的親身經歷作基礎，印順法師更加堅信因緣不可思議是眞實的。他說：「因緣雖早已過去，如空中鳥跡，而在世俗諦中，到底是那樣的眞實，那樣的不可思議！」〔註17〕還說：「因緣，

〔註5〕印順導師著：《平凡的一生》，正聞出版社，2005年，第44頁。

〔註6〕印順導師著：《平凡的一生》，正聞出版社，2005年，第78頁。

〔註7〕印順導師著：《平凡的一生》，正聞出版社，2005年，第1～2頁。

〔註8〕印順導師著：《平凡的一生》，正聞出版社，2005年，第103頁。

〔註9〕印順導師著：《平凡的一生》，正聞出版社，2005年，第35頁。

〔註10〕印順導師著：《平凡的一生》，正聞出版社，2005年，第14～15頁。

〔註11〕印順導師著：《平凡的一生》，正聞出版社，2005年，第45頁。

〔註12〕印順導師著：《平凡的一生》，正聞出版社，2005年，第51頁。

〔註13〕印順導師著：《平凡的一生》，正聞出版社，2005年，第64頁。

〔註14〕潘煊著：《法影一世紀——印順導師百歲》，天下遠見出版股份有限公司，2005年，第249頁。

〔註15〕印順導師著：《平凡的一生》，正聞出版社，2005年，第87頁。

〔註16〕印順導師著：《平凡的一生》，正聞出版社，2005年，第101頁。

〔註17〕印順導師著：《平凡的一生》，正聞出版社，2005年，第3頁。

是那樣的眞實，那樣的不可思議！有些特殊因緣，一直到現在，還只能說因緣不可思議」〔註18〕

印順法師認爲不可思議的因緣具有一定的作用。他曾說過：「不可思議的因緣，啓發了我，我在內修與外弘的矛盾中警覺過來，也就從孤獨感中超脫出來。」〔註19〕他還舉例說：「四十一年（即1952年，四十七歲）的因緣，一件件的緊迫而來，不管是苦難與折磨，還是法喜充滿，總之是引入了一個新的境界。」〔註20〕鑒於因緣所發揮的作用，印順法師認爲應該歌頌因緣的不可思議。他還是從自己的經歷中得出：「抗戰來臨的前夕，一種不自覺的因緣力，使我東離普陀，走向西方——從武昌而到四川。我該感謝三寶的默祐嗎？我更應該歌頌因緣的不可思議！」〔註21〕並且極力讚歎道：「希有！希有！我不能不歌頌因緣的不可思議。」〔註22〕

根據人的生老病死不同情況，印順法師認爲因緣可分爲夙緣、生緣和死緣。首先來看夙緣。夙緣一般是指過去生中所結下的因緣。印順法師認爲出家學佛就是一種夙緣，他結合自己的實際說：「我這樣的順應因緣，也許是弱者的處世態度，也許是個性的適合，也應該是夙生因緣，引上了出家學佛之路（學佛是不一定要出家的，出家要個性適合於那樣的生活方式才得）。」〔註23〕出家隨學師傅的確定，他認爲也是夙緣所決定的。他說：「因緣是那樣的離奇，難以想像！無意中得到昱公的指導，我終於在普陀福泉庵，跟一位福建老和尙出家，又始終受到先師的慈蔭，這不能不說是夙生的緣分。」〔註24〕同樣的話也被引用：「印順導師說：我想要出家，而會從福泉庵念公出家，這不但意想不到，夢也不會夢到的。他形容這個離奇得難以想像的因緣：不能不說是夙生的緣分。」〔註25〕對於日常生活中的事情，印順法師有時也用夙緣來解釋。如1964年他修建妙雲蘭若時，他認爲，在「建築方面，是佛法的

〔註18〕潘煊著：《法影一世紀——印順導師百歲》，天下遠見出版股份有限公司，2005年，第56頁。

〔註19〕印順導師著：《平凡的一生》，正聞出版社，2005年，第122頁。

〔註20〕印順導師著：《平凡的一生》，正聞出版社，2005年，第59頁。

〔註21〕印順導師著：《平凡的一生》，正聞出版社，2005年，第22頁。

〔註22〕印順導師著：《平凡的一生》，正聞出版社，2005年，第70頁。

〔註23〕印順導師著：《平凡的一生》，正聞出版社，2005年，第2頁。

〔註24〕印順導師著：《平凡的一生》，正聞出版社，2005年，第10頁。

〔註25〕潘煊著：《法影一世紀——印順導師百歲》，天下遠見出版股份有限公司，2005年，第38頁。

感應吧！也許在這點上，過去生中我曾結有善緣的。」〔註26〕「隨自己夙緣所可能的，盡著所能盡的努力。」〔註27〕等等。

其次來講生緣。生緣是指出家修行與生活中所遇到的因緣。印順法師與清念上人之間的師徒因緣就是一種生緣。潘煊曾寫道：「清念上人籍屬閩南，印順導師來自浙江；清念上人未曾致力於佛法義學，印順導師卻是中國有史以來第一位博士比丘；師徒因緣，奇妙難言。」〔註28〕這種生緣導致「緣分牽繫，相連於天涯。輾轉時空，直至今日，每一年清念上人往生紀念日，印順導師必虔敬上供，他緬懷師恩：上人固無愧於本分衲子矣。」〔註29〕生緣也表現在印順法師的住寺、傳戒、雲遊、譯經、養病等活動裏。如住寺，他說：「我自己比喻為：我到臺灣，住進善導寺，正如嬰兒的呱地一聲，落在貧丐懷裏。苦難與折磨，是不可避免的了。因緣來了，我還有什麼可說！」〔註30〕如傳戒等，潘煊認為「除了著述，除了宣講，除了教育，印順導師的身影，比如傳戒，比如雲遊，甚至幽居養病，行跡所至，背後都有其可貴的因緣。」〔註31〕「傳戒、開光、行腳、弘法……，背後皆有其可貴的因緣。」〔註32〕如譯經等，印順法師「在應邀赴美之前，沈家楨居士即與印順導師有著福嚴精舍的一段因緣。……譯經因緣，養病因緣，佛門中的法誼，隱隱連結了萬里之隔的新竹與紐約。」〔註33〕生緣也表現在印順法師的決定取捨上，如他說：「加上了兩種因緣，我定下了離開善導寺的決心。」〔註34〕又如他所說：「就這樣，我臨時改變了主意，對星、馬佛教同人的那番熱心，我非常抱歉，

〔註26〕潘煊著：《法影一世紀——印順導師百歲》，天下遠見出版股份有限公司，2005年，第136頁。

〔註27〕印順導師著：《平凡的一生》，正聞出版社，2005年，第3頁。

〔註28〕潘煊著：《法影一世紀——印順導師百歲》，天下遠見出版股份有限公司，2005年，第38頁。

〔註29〕潘煊著：《法影一世紀——印順導師百歲》，天下遠見出版股份有限公司，2005年，第38頁。

〔註30〕潘煊著：《法影一世紀——印順導師百歲》，天下遠見出版股份有限公司，2005年，第60頁。

〔註31〕潘煊著：《法影一世紀——印順導師百歲》，天下遠見出版股份有限公司，2005年，第136頁。

〔註32〕潘煊著：《法影一世紀——印順導師百歲》，天下遠見出版股份有限公司，2005年，第141頁。

〔註33〕潘煊著：《法影一世紀——印順導師百歲》，天下遠見出版股份有限公司，2005年，第136頁。

〔註34〕印順導師著：《平凡的一生》，正聞出版社，2005年，第96頁。

這也許因緣還沒有成熟吧！」〔註35〕

再次來說死緣。死緣是指出家人對死亡看法所要具備的因緣。死緣也表現在印順法師的想法中。他說：「死，似乎是很容易的，但在我的經驗中，如因緣未盡，那死是並不太容易的。說得好，因緣大事未盡，不能死。說得難聽些，業緣未了，還要受些苦難與折磨。」〔註36〕對此，他還有更深入切身跌傷的體會，他說過：「這一交，使我有了進一步的信念。身體虛弱極了，一點小小因緣，也會死過去的──這幾句口頭禪，從此不敢再說了。業緣未了，死亡是並不太容易的。」〔註37〕

按照人的趨利避害不同態度，印順法師認為因緣可分為逆緣和順緣。他在臺灣時就遇到過逆緣和順緣，說：「我一切是隨因緣而流，子老為我安排一切，我能說什麼。只能說：臺灣與我有緣──有無數的逆緣與順緣；香港與我無緣，沒有久住的因緣。」〔註38〕對於這種逆緣和順緣，「印順導師的體悟是臺灣與我有緣，這不可思議的逆緣與順緣，透發著多麼錯綜難解的因緣深意啊。」〔註39〕因此，印順法師認為逆緣和順緣都很難化解，「因緣，無論是順的逆的，化解是真不容易！」〔註40〕不僅如此，而且還會繼續發生作用和影響，「無論是順的因緣，逆的因緣，一經成為事實，就會影響下去而不易解脫，因緣就是這樣的。」〔註41〕他還特別提出逆緣的危害，說：「但就是這些表面理由，又成了逆緣，而受到相當程度的困擾。」〔註42〕

前面說過，印順法師雖然認為因緣不可思議，並且決定一切，但是這並不意謂著因緣只能讓人順從，不能讓人有所作為。對此，印順法師也有自己獨特的看法，他把因緣的特性說成既具有被動性，又具有主動性。他說：「因緣有被動性、主動性。被動性的是機緣，是巧合，是難可思議的奇蹟。主動性的是把握、是促發、是開創」。〔註43〕因緣的被動性、主動性在印順法師的身上都得到

〔註35〕印順導師著：《平凡的一生》，正聞出版社，2005年，第133頁。

〔註36〕印順導師著：《平凡的一生》，正聞出版社，2005年，第29頁。

〔註37〕印順導師著：《平凡的一生》，正聞出版社，2005年，第34頁。

〔註38〕印順導師著：《平凡的一生》，正聞出版社，2005年，第62頁

〔註39〕潘煊著：《法影一世紀──印順導師百歲》，天下遠見出版股份有限公司，2005年，第239頁。

〔註40〕印順導師著：《平凡的一生》，正聞出版社，2005年，第90頁。

〔註41〕印順導師著：《平凡的一生》，正聞出版社，2005年，第100～101頁。

〔註42〕印順導師著：《平凡的一生》，正聞出版社，2005年，第101頁。

〔註43〕印順導師著：《平凡的一生》，正聞出版社，2005年，第2頁。

充分的體現。對於因緣的被動性，主要表現在對人對事的關係中，他說：「在對人對事的關係中，我是順應因緣的，等因緣來湊泊，順因緣而流變。」〔註44〕他毫不隱晦地暴露自己對因緣被動性的態度，他說：「但在我自己，正如流水上的一片落葉，等因緣來自然湊泊。我不交際、不活動，也不願自我宣傳，所以我不是沒有因緣，而是等因緣找上門來。」〔註45〕其結果是只能坐以待斃，「因緣來了，我還有什麼可說，只有順因緣而受報了！」〔註46〕這樣被動的對待因緣，有時也會得到好的益處，印順法師也有過經歷，他說：「這一意外的因緣，使我得益不少。」〔註47〕對於因緣的主動性，明顯地表現在佛法的眞義上，這裡不妨引用一段印順法師的表白。「一向在人事關係中隨順因緣流變的印順導師，在佛法的眞義上：我不是順應的，是自發的去尋求、去瞭解、去發見、去貫通，化爲自己不可分的部份。我在這方面的主動性，也許比那些權力宣赫者的努力，並不遜色。但我這裡，沒有權力的爭奪，沒有貪染，也沒有瞋恨，而有的只是法喜無量。隨自己夙緣所可能的，盡著所能盡的努力。」〔註48〕在佛法的眞義上採取因緣的主動性的行爲理所當然是值得肯定的。但是也要注意不適當運用因緣的主動性，印順法師也有這方面的教訓，他說：「我沒有隨順因緣的自然發展，所以引起了意想不到的、不必要的困擾。」〔註49〕那麼如何對待因緣的被動性和主動性呢？印順法師在貶抑自己的同時也激勵別人要創造因緣，他指出：「年輕人有活力，能創造因緣，想到自己那樣的純由因緣的自然推動，實在太沒用了。」〔註50〕並且進一步鼓勵大家要「善於把握機緣的，人生是隨時隨地，機緣都在等待你。」〔註51〕由此，可以看到，在印順法師的眼裡，因緣與其中觀思想是不即不離的。

從宗派意識來看，印順法師自稱不屬任何宗派。然而，在佛教界，對於印順法師的身份定位卻存在不一致的看法。他自己也很清楚這一點，他說：「在師友中，我是被看作研究三論或空宗的。」〔註52〕「有的說我是三論宗，有

〔註44〕印順導師著：《平凡的一生》，正聞出版社，2005 年，第 2 頁。
〔註45〕印順導師著：《平凡的一生》，正聞出版社，2005 年，第 51 頁。
〔註46〕印順導師著：《平凡的一生》，正聞出版社，2005 年，第 58 頁。
〔註47〕印順導師著：《平凡的一生》，正聞出版社，2005 年，第 84 頁。
〔註48〕潘煊著：《法影一世紀——印順導師百歲》，天下遠見出版股份有限公司，2005 年，第 44 頁。
〔註49〕印順導師著：《平凡的一生》，正聞出版社，2005 年，第 107 頁。
〔註50〕印順導師著：《平凡的一生》，正聞出版社，2005 年，第 43 頁。
〔註51〕印順導師著：《平凡的一生》，正聞出版社，2005 年，第 51 頁。
〔註52〕印順著：《中觀今論》自序，正聞出版社，1992 年。

的尊稱我爲論師，有的指我是學者，讓人去稱呼罷！……我逐漸的認識自己，認識自己所處的時代與環境。」〔註53〕之所以出現這眾多的不同看法，印順法師在他的著作中對所產生的原因有所說明。他說：「因民國二十三年到武昌佛學院研究三論，所以大家都說我是三論學者。也許我的根性比較接近空宗，但我所研究的，決非一宗一派。」〔註54〕還「有人說我是三論宗，是空宗，而不知我只是佛弟子，是不屬於任何宗派的。」〔註55〕另「有些人覺得我是個三論學者，其實這並不十分確實，我從不敢以此自居。」〔註56〕以上這些看法，印順法師都給予了否認，並申明自己是不屬於任何宗派的，他明確地說：「我不屬於宗派徒裔，也不爲民族情感所拘蔽。」〔註57〕同時還表明「我不想做一宗一派的子孫，不想做一宗一派的大師。」〔註58〕印順法師分析自己不願屬於任何宗派的原因，是因爲他「不爲一宗的徒裔，是探佛本原，總貫各時代，各地區，各宗派的佛教，成爲進入佛道的修學過程；反對偏宗的削弱中國佛教。」〔註59〕因爲印順法師一直就自稱自己不屬任何宗派，因此他的佛教信仰也就不受某一宗派的限制。實際上，印順法師就是這樣看待自己的信仰，他就說過「我的學佛態度是：我是信佛，我不是信別人，我不一定信祖師。有人以爲中國人，就一定要信中國祖師的教理，我並沒有這個觀念。假使是眞正的佛法，我當然信，假使他不對，那就是中國人的，我也不信。我是信佛法，所以在原則上，我是在追究我所信仰的佛法，我是以佛法爲中心的。」〔註60〕在這裡，他非常肯定地表明學佛的態度，同時也說明他對根本佛法、眞實佛法的執著追求。他還從印度佛教和中國佛教的總體來看待這個問題，他說：「印度的三期佛教，中國的大乘八宗，各有他的特勝，也就各有他的偏頗。所以專承偏宗，會造成高推自宗，鄙棄他宗的風氣。鄙棄了一分，結果是削弱了佛教的全體。」〔註61〕但是在佛教界，事實上又客觀存在宗派的現象。對佛教界爲何仍然存在宗派現象，印順法師作了自問自答，

〔註53〕印順導師著：《平凡的一生》，正聞出版社，2005年，第12頁。
〔註54〕印順：《教制教典與教學》，正聞出版社，1992年，第222頁。
〔註55〕印順著：《華雨集》第五冊，南普陀寺慈善事業基金會，2002年，第50頁。
〔註56〕印順著：《教制教典與教學》，正聞出版社，1992年，第221頁。
〔註57〕印順著：《華雨集》第五冊，南普陀寺慈善事業基金會，2002年，第53頁。
〔註58〕印順著：《華雨集》第五冊，南普陀寺慈善事業基金會，2002年，第65頁。
〔註59〕印順著：《華雨香雲》，正聞出版社，1994年，第337頁。
〔註60〕印順著：《華雨集》第五冊，南普陀寺慈善事業基金會，2002年，第63頁。
〔註61〕印順著：《華雨香雲》，正聞出版社，1994年，第318頁。

佛教界「爲什麼會有宗派？佛爲了適應眾生的根性，施設教法，就有了諸乘的差別。……宗派之所以興起者，差不多都是以古德在佛法參研之心得爲根據，適應時機之教化而建立的。佛世的諸乘，後世的諸宗，無非爲了化度眾生，應機說教。」〔註62〕對於存在的宗派，他認爲，既要肯定宗派的價值，又要看到其利弊。「所以應時應機的宗派，有他的價值，有他的適應，但如鄙棄餘法，局促於宗派圈子，一定會利弊參半，發展到弊多於利。如禪宗與淨土宗等，不能說沒有特勝，只是由於鄙棄餘法，結果削弱了中國佛教，弄到空疏媕陋的地步！」〔註63〕

　　雖然印順法師自稱不屬任何宗派，但是他的佛學思想還是有一定傾向的。他說：「我曾在《爲性空者辨》中說到：我不能屬於空宗的任何學派，但對於空宗的根本大義，確有廣泛的同情！」〔註64〕印順法師對空宗的關注，這與他所信仰的佛法有關。因爲他不屬任何宗派，自然也就不受任何宗派的觀點所左右，導致他只能走信仰眞實佛法的路子，因此他說：「我所說的主要是在追究佛法的眞理。我要以根本的佛法，眞實的佛法，作爲我的信仰。瞭解它對我們人類，對我個人有什麼好處，這是我眞正的一個根本動機。」〔註65〕可是眞實的佛法，常因「這吐納百川，影現萬象的法海，確乎使人驚歎它的偉大、高深，但錯綜複雜，也常使人茫然、偏執，不理解演化中的關聯與條理，籠統融貫，使佛教的眞義晦昧。」〔註66〕爲此，他只好立足於印度佛教，從印度佛教的發展演變來探索佛法的眞義。他深刻地認識到「其實我的思想，在民國三十一年所寫的《印度之佛教（自序）》，就說得很明白：『立本於根本佛教之淳樸，宏傳中期佛教之行解（梵化之機應愼），攝取後期佛教之確當者，庶足以復興佛教而暢佛之本懷也歟！』我不是復古的，也決不是創新的，是主張不違反佛法的本質，從適應現實中振興純正的佛法。」〔註67〕從這裡可以看出，印順法師佛學思想的定位在宏傳中期的印度佛教，其實就是龍樹菩薩的中觀學說，這也牽涉到我們後面要著重闡述的印順中觀思想。

〔註62〕印順著：《華雨香雲》，正聞出版社，1994年，第317頁。
〔註63〕印順著：《華雨香雲》，正聞出版社，1994年，第318頁。
〔註64〕印順著：《中觀今論》自序，正聞出版社，1992年。
〔註65〕印順著：《華雨集》第五冊，南普陀寺慈善事業基金會，2002年，第63～64頁。
〔註66〕印順著：《華雨集》第四冊，南普陀寺慈善事業基金會，2002年，第71頁。
〔註67〕印順著：《人間佛教論集》（贈送版），正聞出版社，2002年，第1頁。

　　印順法師立足於印度佛教，提倡龍樹的中觀見，但並不貶抑他宗的思想，而是對它宗思想採取一種取捨的態度。他說：「其實，我對印度的佛教，也不是揚龍樹而貶抑他宗的。我是說：佛後之佛教，乃次第發展而成者。其方便之適應，理論之闡述，如不適於今者，或偏激者，或適應低級趣者，則雖初期者猶當置之，況龍樹論乎？乃至後之密宗乎！其正常深確者，適於今者，則密宗而有此，猶當取而不捨，而況眞常系之經論乎！其取捨之標準，不以傳於中國者爲是，不以盛行中國者爲是，著眼於釋尊之特見、景行，此其所以異（於大師）乎」〔註68〕印順法師的信仰立場是堅持大乘佛法的思想。他說：「那時，我多讀『阿含』、『戒律』、『阿毘達磨』，不滿晚期之神秘欲樂，但立場是堅持大乘的（一直到現在，還是如此）。」〔註69〕在「大乘佛法，我以性空爲主，兼攝唯識與眞常。」〔註70〕關於這一點，我們從許多後人的論述可以清楚地明白。演培爲了解釋有人對印順佛教思想的誤解，就說過：「導師（指印順）提倡中觀，不正是大乘嗎？」〔註71〕麻天祥在《印順佛學思想解讀》也指出：「他（指印順）堅持『緣起』說爲佛學之根本而高揚『中道』、『中觀』；藍吉富在《現代中國佛教的反傳統傾向》也說：「……印順則矚目於龍樹的中觀學與《雜阿含》教法。」

　　從自認根性來講，印順法師認爲自己是屬於「智增上」的。這裡轉引一段話來說明這一點：「印公還說：『大概的說，身力弱而心力強，感性弱而智性強，記性弱而悟性強；執行力弱而理解力強——依佛法來說，我是智增上的。』而佛教所重的，正是在於『智性』、『悟性』均較強盛的『智增上』！而這，也正是印公的過人之處。」〔註72〕由於具有「智增上」的根性，才具備探討佛法及研究中觀的條件。因此，他自認爲，「出家以來，在修行、學問、修福——三類出家人中，我是著重在學問，也就是重在聞思，從經律論中去探究佛法。」〔註73〕一開始，他就以三論、唯識法門爲探究對象，經過堅持不懈的精進，發現「論」中有重要教義，古代論師的獨到思想，他都摘錄下來，作爲研究資料。在研究的論典中，空宗——聖龍樹的論典，對他可說是

〔註68〕印順著：《華雨集》第五冊，南普陀寺慈善事業基金會，2002年，第16頁。
〔註69〕印順著：《華雨集》第五冊，南普陀寺慈善事業基金會，2002年，第17頁。
〔註70〕印順著：《華雨集》第五冊，南普陀寺慈善事業基金會，2002年，第18頁。
〔註71〕印順導師著：《平凡的一生》，正聞出版社，2005年，第65頁。
〔註72〕黃夏年主編：《印順集》，中國社會科學出版社，1995年，第2頁。
〔註73〕印順著：《華雨集》第五冊，南普陀寺慈善事業基金會，2002年，第1頁。

有緣的。早在 1927 年，他開始閱讀佛典的時候，第一部即是《中論》。《中論》的內容，他什麼都不明白，但一種莫名其妙的愛好，使他趨向佛法，以後，曾一度留意唯識，但不久即回歸空宗——嘉祥的三論宗。抗戰開始，他西遊四川，接觸到西藏傳的空宗。他經過廣泛的接觸和研究之後說：「由於這一番思想的改變，對於空宗，也得到一番新的體認，加深了我對於空宗的贊仰。三十一、二年，時斷時續的講說《中論》，由演培筆記，整理成《中論講記》的初稿。關於初期——阿含、毘曇——聖典的空觀，曾作廣泛的考察。」〔註74〕他以後就是根據對空宗的體驗，來建構起自己的中觀思想。

有關印順法師的佛學著作，主要集中在《妙雲集》和《華雨集》等。印順法師在《永光集》自序中說明編輯《妙雲集》和《華雨集》的情形。關於《妙雲集》，「民國六十年夏，將以前的寫作與講記（除獨立成部的），分類而集成三編、二十四冊。那時多住嘉義的妙雲蘭若，所以名為《妙雲集》。」關於《華雨集》，「七十八年，才將寫作與記錄的，編集為五冊。六十七年秋以來，多住臺中的華雨精舍，所以名為《華雨集》。」以後還陸續出版了十餘本專著。這裡我們著重介紹印順的中觀思想論著。郭朋在《印順佛學思想研究》一書中認為印順法師的中觀思想主要表現在他的三部專論中。他指出：「印公是一位公認的中觀學者。他有三部專著，以闡述中觀系的學說，這就是：《性空學探源》、《中觀今論》、《空之探究》。現在就根據這三部書，以略為探討印公的中觀思想。」筆者認為，僅根據這三部書探討印順的中觀思想還不夠全面，像印順法師在《中觀論頌講記》中就闡述了不少中觀思想，而且這部書反映了印順法師中觀思想的重要基礎理論。其實，印順中觀思想是貫穿於他的所有佛學著作之中的，如果要全面地瞭解印順中觀思想，那麼深入探討《中觀論頌講記》及散見於其他著作中的中觀思想是不可或缺的。因此，後文論述印順中觀思想的內容，就必須將視野拓展到所有涉及印順法師中觀思想的材料中去。

二、探究與弘揚

印順法師對中觀學極為重視，不僅表現在「印順自出家以來就跟龍樹中觀學特有緣份」〔註75〕，而且「印順法師思想在理論建立方面，是由中觀學

〔註74〕印順著：《中觀今論》自序，正聞出版社，1992 年。
〔註75〕莊朋：《印順中觀思想受到宗喀巴與月稱之影響的考察》，載《2014 年東亞佛教思想文化國際研討會論文集》。

開始的。」〔註76〕如果要追溯其中的原因，那麼就必須瞭解中觀學的起源及其發展演變過程。

中觀，是印度大乘佛教鼻祖龍樹菩薩的思想核心，也是龍樹成立的大乘義。其思想內容是依原始經典《阿含經》中佛陀特別揭示的緣起性空，闡述一切的存在，不論大如世界、小如微塵、一花一草，都是依因託緣而生起，沒有任何一個現象是無因而自有的。緣起法的本質是空，空，就能無礙，既非實有，也非虛無，不落入這二邊，名之為中道。龍樹以此演繹而寫成的代表作《中觀論》，簡稱《中論》，成為龍樹空義的結晶。這種思想是在「大乘佛法興起，佛法與大乘佛法的相互抗拒，談空而蔑視人間善行，龍樹的時代，已相當嚴重了！」〔註77〕的情況下而形成。當時龍樹面對佛教界的相互抗拒，於是探求佛法的真義，以佛法的中道緣起，貫通大乘空義，寫出最著名的一偈，如《中論》卷四說：「眾因緣生法，我說即是空，亦為是假名，亦是中道義。」這首偈具有深刻的涵義，能為度化眾生起到重要作用。它「為離情執而勝解一切法空不可得，不是否定一切善惡邪正；善行、正行，是與第一義空相順而能趣入的。即使徹悟無生的菩薩，也修度化眾生，莊嚴佛土的善行，決不如中國所傳的野狐禪，大修行人不落因果。龍樹性空唯名的正確解行，是學佛者良好的指南！」〔註78〕

姚秦時代，鳩摩羅什來到中國弘化，在長安翻譯性空典籍，包括《中論》、《十二門論》、《百論》等，三論法義從此傳入，並對中國大乘佛教產生深遠的影響。《中論》的原作者龍樹，於是被尊為中國大乘八宗的共祖。到了隋朝，吉藏大師大力弘揚三論的般若思想，成為集大成者。但唐代中葉以後，天台宗、唯識宗、禪宗盛行於世，三論宗便逐漸衰頹了。猶如斷線的琴弦，就此沉默了一千多年。然而，「千載之間，即使少人播揚，但無礙於一個遠年知音的出現。印順導師從中國佛教的路徑上站了出來，他溯源的思維雪亮如絲，穿透歷史洪流，抵達上游的龍樹，直歸本源的佛陀，與佛法的最純淨處接上線頭。琴弦接上了，高古雅音重新蘇醒，中觀學復興。」〔註79〕在這裡，需要說明的是，印順法師探究中觀學不是一蹴而就的，而是經過一段漫長的時

〔註76〕李嶷：《印順法師佛學思想研究》，2001年北京大學博士學位論文。

〔註77〕印順著：《印度佛教思想》，正聞出版社，1990年，第128頁。

〔註78〕印順著：《印度佛教思想》，正聞出版社，1990年，第134頁。

〔註79〕潘煊著：《法影一世紀──印順導師百歲》，天下遠見出版股份有限公司，2005年，第225頁。

間，從而在思想認識上不斷地提高和深化。

　　印順法師探究的第一項內容是三論、唯識。他的中觀學開始就以三論、唯識爲對象。他在出家前後，最早接觸的佛書就是三論、唯識典藉。他曾說：「無意中，在商務印書館的目錄中，發現有佛書，於是買到了一些三論、唯識典藉——《成唯識論學記》、《相宗綱要》、《三論宗綱要》。因了《三論宗綱要》，而知道有三論；於是又設法購得《中論》與《三論玄義》；後來又求到了嘉祥吉藏的《三論疏》。其後他回憶當時閱讀的光景：初學而讀這樣深的教典，當然是不懂的。可是，因爲不懂，使我嚮往；不知什麼力量，鼓舞我耐心的讀著。我活像小孩，見大人的作爲，一切不懂而一切都感興趣。又像處身於非常富裕的環境，看不了，聽不了，吃喝不了。我在半懂不懂之間，感覺佛法的無邊深廣。」〔註 80〕印順法師從此也就走上了佛學探究之路，潘煊對此也有描述：「三論闡揚緣起性空的義理，二十歲的張鹿芹，起手一探，便探向了二千多年前印度初期大乘佛教的思想，開始學佛的他，順著這路起步了。」〔註 81〕印順法師學習三論時的第一部著作就是《中論》。他曾回憶年少歲月時追述了此事，早在 1927 年，他開始閱讀佛典的時候，第一部即是《中論》。《中論》的內容，當時他什麼都不明白，但一種莫名其妙的愛好，使他趨向佛法，終於出了家。出家以後對三論的學習更加用心，「出家以後，修學三論。在嘉祥大師的章疏中，錄出南朝法師們的種種見解；有關史事的，也一併抄出。這對於研究中國佛學，是有幫助的，可惜數據在動亂中遺失了！」〔註 82〕印順法師無論是在閩南佛學院還是在武昌佛學院，都致力於三論與唯識的研究和弘揚。由於他在家曾暗中摸索，是從三論、唯識入門的，恰好那時的閩南佛學院也著重三論與唯識，所以他在這個學團之中，覺得思想非常契合。「在閩院的這段求法歲月裏，除了致力於三論、唯識方面的義理研究之外，他也深受太虛大師人生佛教思想的影響——雖然那時還未親聆教誨。」〔註 83〕他在閩南佛學院一學期中，聽了《三論玄義》、《大乘阿毗達磨雜集論》與《俱舍論》的小部份。1932 年上學期，應大醒法師之命爲同學授課《十二門

〔註 80〕印順著：《我之宗教觀》，正聞出版社，1992 年，第 305 頁。

〔註 81〕潘煊著：《法影一世紀——印順導師百歲》，天下遠見出版股份有限公司，2005年，第 197 頁。

〔註 82〕印順著：《華雨集》第五冊，南普陀寺慈善事業基金會，2002 年，第 43 頁。

〔註 83〕釋昭慧著：《人間佛教的播種者》，東大圖書股份有限公司，1995 年，第 29頁。

論》。1934 年正月，前往武昌佛學院閱覽《三論宗章疏》達半年之久。1934 年 6、7 月間，奉太虛大師之命，回閩南佛學院授課《三論玄義》。此外，印順法師在寺廟也從事研究三論與唯識。以後他「在這裡（指佛頂山慧濟寺）足足的住了一年半，爲了閱覽三論宗的章疏，……」〔註 84〕印順法師研究三論與唯識非常認眞，他說：「我回到了普陀山。初秋，就住到佛頂山慧濟寺的閱藏樓看藏經。白天閱讀（清代的龍藏）藏經，晚上研究三論與唯識。」〔註 85〕每天堅持不懈，其精神實爲可貴。

印順法師通過修學三論與唯識，不但認識到現實佛教界的問題，而且擴大了研究佛法視野。他修學三論與唯識後，就以此爲標準來衡量現實佛教界的問題，楊惠南教授曾這樣闡述道：「值得注意的是，印順導師在這一時期之中，之所以能夠觀察出現實佛教界的這些問題來，是依照他所學習的三論和唯識法門而做出的判斷。他說：當時意解到的純正佛法，當然就是三論與唯識。」〔註 86〕印順法師認爲只有符合三論與唯識的佛法，才是純正佛法。這樣他就以三論與唯識爲基礎，來關照現實佛教界所存在的問題，「既然沒有人指導，則讀何經論，全憑因緣而定。起始就讀義理艱澀的三論、唯識，當然是事倍功半；但是，經過四、五年的閱讀思維，他還是打下了良好的佛學基礎。這時，他已經意會到佛法與現實佛教界的差距；特別是在他居住的海寧縣鄉間：我的故鄉，寺廟中的出家人（沒有女眾），沒有講經說法的，有的是爲別人誦經、禮懺；生活與俗人沒有太多的差別。在家信佛的，只是求平安，求死後的幸福。少數帶髮的女眾，是先天、無爲等道門，在寺廟裏修行，也說他是佛教。理解到的佛法，與現實佛教界差距太大，這是我學佛以來，引起嚴重關切的問題。」〔註 87〕後來，他進一步總結道：「我初學佛法——三論與唯識，就感到與現實佛教界的距離。」〔註 88〕因此，可以說，印順法師是以三論與唯識作爲佛法的標準，來對照現實佛教界，從而發現其問題。

印順法師修學三論與唯識後，隨著眼界的開闊，認爲不應再局限於三論與唯識。「天愈高，視角愈昂闊，他在千百經卷裏登高，就在這佛頂，這菩薩

〔註 84〕印順導師著：《平凡的一生》，正聞出版社，2005 年，第 12 頁。

〔註 85〕印順導師著：《平凡的一生》，正聞出版社，2005 年，第 12 頁。

〔註 86〕楊惠南著：《當代佛教思想展望》，東大圖書股份有限公司，2006 年，第 151 頁。

〔註 87〕印順法師著：《華雨香雲》，正聞出版社，1994 年，第 4 頁。

〔註 88〕印順著：《華雨集》第四冊，南普陀寺慈善事業基金會印，2002 年，第 47 頁。

頂，印順法師發見佛法的多彩多姿，其可說是百花爭放、千岩競秀！這是佛教的大寶藏，應該是探求無盡的。知道法門廣大，所以不再局限於三論與唯識。」〔註89〕佛法不僅僅只是三論與唯識，而是有著非常豐富的內容，印順法師認為真常唯心思想也應屬於佛法，對此，潘煊敘述了印順法師這一思想的形成過程，指出印順法師「居高遠眺，端坐於大藏寶山，他看見自己在閩南佛學院時期的思維，當時只視三論與唯識為佛法的單一觀點，對於中國佛教主流的真常唯心思想，他並不認為是佛法，直到閱藏之後才發現：真常唯心思想，雖然在論典中並不多見，卻記錄在大量的大乘經中。這一思想到底究不究竟是另一回事，但卻不可以把它確曾存在，並廣大流傳於佛教中的史實一筆勾銷。」〔註90〕與此同時，印順法師還深化了對三論宗的看法，他說：「從宗喀巴的著作中，接觸到月稱對《中論》空義的解說，所以深受老莊影響的中國空宗——三論宗，我對他不再重視。」〔註91〕從這裡可以看到，印順法師由於更深入地瞭解了中觀學的真實含義，因此就不再重視受中國老莊思想影響的三論宗。

印順法師探究的第二項內容是《般若經》。探究《般若經》有助於理解和把握中觀空義。這是因為「龍樹菩薩依據《般若經》而造《中觀論》是捉牢原則，所以八宗尊為共祖。」〔註92〕在這裡，可以知道，《般若經》就是《中觀論》的思想基礎，印順法師要繼承和發揚中觀思想，就必須探究《般若經》。印順法師探究《般若經》後，得出兩點心得體會：一是應選讀《般若經》。他回憶說：「記得我初讀大藏，從《大般若經》開始，一字一句讀下去。經過四個月，才讀完《般若經》的七百五十卷。由於每天要讀五六萬字，浮光掠影，不能深切瞭解。讀完了才覺得，如選讀一百五十卷，甚至精選七八十卷，每天讀五千字，還是一樣賅攝《般若》全部，毫無減略。如每天讀五千字，應有諷誦、吟味、潛思、默會的更多時間；經四個月的修學，不是更深刻瞭解嗎？可是四個月已經過去了！我沒有空遇，卻所得過少。漢文大藏中，重譯

〔註89〕潘煊著：《法影一世紀——印順導師百歲》，天下遠見出版股份有限公司，2005年，第201頁。

〔註90〕潘煊著：《法影一世紀——印順導師百歲》，天下遠見出版股份有限公司，2005年，第201～202頁。

〔註91〕印順導師著：《永光集》，正聞出版社，2004年，第247頁。

〔註92〕藍吉富編輯：《印順導師的思想與學問——印順導師八十壽慶論文集》，正聞出版社，1992年，第140頁。

的，別出的，綜合而另成部帙的，大同小異的，實在不少。如精選一下，內容還是與全藏一樣，卻節省了時間與精力。這對於主持佛教的（與一般信徒不同，最好能多少瞭解大藏的各部門），世間學者而想追求佛學的，不是給予更多的方便嗎？」〔註93〕二是發現《般若經》「自性空」含義上的變化。「印公在讀《般若經》時，覺得《般若》『空』義，同龍樹所講的『空』義，似乎有著某種程度的差異，於是便詳細錄出《般若經》的『空』義，又比較《般若經》的先後譯本，終於發現：《般若經》的『自性空』，起初是『勝義的自性空』，然後逐漸演進到『無自性的自性空』」。〔註94〕可見，《般若經》的「自性空」，經歷了由「勝義的自性空」到「無自性的自性空」的變化。

印順法師探究的第三項內容是《大智度論》。《大智度論》是龍樹所著，鳩摩羅什所譯，是中國漢譯保有的大論，為印順法師推重龍樹、會通阿含的重要依據。印順法師特別看重《大智度論》，潘煊記敘這件事：「印順導師告訴他（厚觀法師）：《大智度論》很重要，很重要！它是從一個凡夫發心，而自度度他、修菩薩行，一直到成佛，可以說是一條菩薩行的準繩，不只注重修行，所引用的文獻、經典很多，可借助它來判定哪些是初期大乘經，非常重要的文獻，很值得深入研究。」〔註95〕並告誡弟子要深入研究《大智度論》。他曾下大力氣對《大智度論》探究的方法已給後人作出了示範。他敘述了當年探究的具體情況：「《大智度論》是《大品般若經》釋，全文（經論合）長一百卷。經釋是依經解說，與有體系的宗經論不同。論文太長，又是隨經散說，真是讀到後面，就忘了前面。於是用分類的方式，加以集錄。如以空為總題，將全論說空的都集在一處。實相，法身，淨土，菩薩行位，不同類型的菩薩，連所引的經論，也一一的錄出（約義集錄，不是抄錄）。這是將全部論分解了，將有關的論義，集成一類一類的。對於《大智度論》，用力最多，會有意寫一專文，說明龍樹對佛法的完整看法。但因時間不充分，只運用過部份數據，沒有能作一專論。四《阿含經》，也都這樣的分類摘錄，不過沒有像《智度論》那樣的詳細。」〔註96〕對於《大智度論》的理解，印順法師不是過多地去瞭解其他高僧大德的中觀思想，而是忠實地信仰《大智度論》。他

〔註93〕印順著：《無諍之辯》，正聞出版社，1995年，第112頁。
〔註94〕黃夏年主編：《印順集》，中國社會科學出版社，1995年，第9頁。
〔註95〕潘煊著：《法影一世紀──印順導師百歲》，天下遠見出版股份有限公司，2005年，第159頁。
〔註96〕印順著：《華雨集》第五冊，南普陀寺慈善事業基金會，2002年，第44頁。

毫不掩飾的說：「不過，我對月稱的思想，並沒有充分瞭解，如月稱的《中論》注——《明顯句論》，我也沒有見到，也許我有中國人的性格，不會做繁瑣思辨，從宗喀巴、月稱那裡得些消息，就回歸龍樹——《大智度論》。」〔註97〕他在以後的不同場合都發揮著《大智度論》的實用價值。在講說中運用《大智度論》，他「三十一年起講出而成的《中觀論頌講記》；三十六年講出的《中觀今論》，都是通過了《大智度論》——三法印即一實相印的理念。」〔註98〕他還在研討會上發表《大智度論》相關論文。1991 年暑假中，由印順法師口述大要、昭慧法師筆記整理，寫成六萬字的《大智度論之作者及其翻譯》，東方宗教研討會上發表。在祝百歲嵩壽時，他以《大智度論》結緣。2004 年 4 月 30 日，印順法師百歲嵩壽在福嚴精舍度過，福嚴佛學院以法音結緣，送給到場來賓的結緣品之一，是印順文教基金會所出版的印順導師《大智度論》筆記光盤。

　　印順法師探究佛法，一方面是自己努力，另一方面也是師友幫助才成就的。可以說，他雖然「盡著所能盡的努力，於佛法研求上，使印順導師成為印順導師。但於人生的諸多轉折點，他的法門師友，太虛大師、大醒法師、續明法師、法尊法師、演培法師、妙欽法師……，都為印順導師的生命脈流，帶來不不可思議的因緣，標記不可磨滅的一段生命史事。」〔註99〕從這裡可以看到，幫助過印順法師的法門師友很多。可是，較為突出的要算法尊法師。印順法師在自述中採用比較的方法突出法尊法師的影響，他寫道：「我出家以來，對佛法而能給予影響的，虛大師（文字的）而外，就是法尊法師（討論的），法尊法師是我修學中的殊勝因緣！」〔註100〕法尊法師對印順法師的影響主要是在佛法的討論上，這種討論確實對印順法師幫助很大。印順法師根據自己的體會說：「最初的一年半中（二十七年八月到二十八年底），法尊法師給我很多的法益。」〔註101〕法尊法師給予法益，而且對其以後的思想等方面也產生了影響。「在四川（二十七至三十五年），我有最殊勝的因緣：見到了法尊法師，遇到了幾位學友。對我的思想，對我未來的一切，都有最重要的

〔註97〕印順導師著：《永光集》，正聞出版社，2004 年，第 247 頁。
〔註98〕印順導師著：《永光集》，正聞出版社，2004 年，第 247 頁。
〔註99〕潘煊著：《法影一世紀——印順導師百歲》，天下遠見出版股份有限公司，2005 年，第 44 頁。
〔註100〕印順導師著：《平凡的一生》，正聞出版社，2005 年，第 25 頁。
〔註101〕印順導師著：《平凡的一生》，正聞出版社，2005 年，第 23 頁。

意義！」〔註102〕

　　印順法師與法尊法師的接觸，並受其影響主要表現在三個方面：一是瞭解中觀思想。印順法師瞭解中觀思想可分為兩個部份。先是瞭解中觀學月稱的理論，「機緣具足的是，他1940年結識了法尊法師，從而得以瞭解後期中觀學月稱的理論，這無疑在他的思想中，奠定了正統佛法理論的基礎。可以說，接觸藏傳佛教中觀學，是導致印順法師思想形成的一個根本因素，他正是由此奠定了他佛法理論的根本認識，從般若中觀的立場考察佛教發展變化，使他對佛教的理論有了更深切的認識，也使他對佛教流傳到現在而產生的變質的原因有了更真切的認識，正是佛教末流的『圓融、方便』，導致了佛教發展成與現實遠隔的狀況。」〔註103〕後是瞭解西藏中觀思想，「……又從法尊法師那裡瞭解到了西藏中觀思想，融會貫通，形成了對佛法從印度到中國，歷史與現實等問題的通盤性見地，……」〔註104〕可以說，先後瞭解的兩部份中觀思想，都對印順法師的佛學思想產生了一定的影響。與此同時，也改變了印順法師以前對中觀學的看法，「可見，原來以嘉祥三論宗之義理作為中觀學本義的主要詮釋的印順，到四川之後，從法尊所翻譯成漢語的月稱與宗喀巴的著作中學到西藏所傳的中觀學，便不再滿足於嘉祥三論宗的玄談，而開始認為，藏傳空宗的詮釋更值得留意。」〔註105〕二是閱讀翻譯著作。「深山古寺，流淌著一段殊勝因緣。主持漢藏教理院的法尊法師，與民國二十七年避難入山的印順法師，在這佛法的高地上，相遇了。留學康藏的法尊法師猶如印順法師的一扇窗口。薰習藏傳經典九年，他已然成為一枚望遠鏡頭，讓潛居縉嶺雲霞中的印順法師，從偏安西南的大後方，望向了遙遠的藏傳佛教世界。他回憶那段時光：自從在漢藏教理院，遇到了法尊法師，才覺得有同學之樂。法尊法師是我的老學長，讀他從藏文譯出的《菩提道次第廣論》、《辨了義不了義論》、《密宗道次第廣論》、《現觀莊嚴論略釋》、月稱的《入中論》等，可說得益不少！」〔註106〕印順法師通過閱讀法尊法師翻譯的有關中觀學

〔註102〕印順導師著：《平凡的一生》，正聞出版社，2005年，第26頁。

〔註103〕李嶷：《印順法師佛學思想研究》，2001年北京大學博士學位論文。

〔註104〕鄭群輝：《印順及其佛學思想》，《世界宗教文化》，2005年，第2期。

〔註105〕莊朋：《印順中觀思想受到宗喀巴與月稱之影響的考察》，載《2014年東亞佛教思想文化國際研討會論文集》。

〔註106〕潘煊著：《法影一世紀——印順導師百歲》，天下遠見出版股份有限公司，2005年，第206頁。

的著作而得益。三是切磋論辯法義。印順法師在閱讀法尊法師翻譯的有關中觀學的著作時，對存在的問題也會與法尊法師展開討論。「有一次，因印順法師的請求，法尊法師譯出了《七十空性論》。譯完一讀，有段文字就是前言不對後語，兩人決意探個水落石出。」〔註107〕這種討論與閱讀相結合的形式，讓印順法師在中觀學方面有了更深的體會。「但是經過這樣長期的切磋論辯，再加上讀到法尊法師譯自藏文的《菩提道次第廣論》、《辨了義不了義論》、《密宗道次地廣論》、《現觀莊嚴論略釋》、月稱的《入中論》等，他對佛法有了更深的理解。對於爲何空宗要說緣起性空，唯識宗卻非要說依他起性是有不可的問題根本所在，有了進一步的體會。」〔註108〕

　　印順法師從法尊法師瞭解西藏中觀思想，就不能不提到宗喀巴。值得一提的是，宗喀巴對印順法師的中觀學思想也有一定的影響，可概括爲這麼三個方面：一是得到啓發。主要是指印順法師從宗喀巴著作介紹的月稱思想得到啓發。「印順是從宗喀巴的著作得到啓發，後來便以宗喀巴所推廣的月稱應成法爲其思想的主要基礎。」〔註109〕從此還可進一步推斷出：「很明顯的，印順是從宗喀巴著作中月稱對空義的解說，受到不少啓發而如此強調空跟緣起的相融性。」〔註110〕二是借鑒採用。借鑒是指借鑒宗喀巴的中觀思想來闡述自己的主張，「從印順在其著作中的陳述可知，他之所以要分析並弘揚所謂的中觀，乃是以確切的方法來考察一切法之眞相而得到的結論。換句話說，印順認爲，佛法乃是解脫之方法，而其重點在於以恰當的，遠離各種極端執著的眼光來仔細考察萬法之本性。他主張，只有這種非偏見的眼光才能保證眞實觀察之正確性。在此印順很明顯地借鑒了宗喀巴的思想。」〔註111〕採用是指直接採取宗喀巴的詞彙，「顯而易見的，印順是將宗喀巴的相關見解加以詮釋，並以宗喀巴的相關主張爲自己思想的主要依據。甚至於他還直接採取宗

〔註107〕潘煊著：《法影一世紀──印順導師百歲》，天下遠見出版股份有限公司，2005年，第206頁。

〔註108〕釋昭慧著：《人間佛教的播種者》，東大圖書股份有限公司，1995年，第52頁。

〔註109〕莊朋：《印順中觀思想受到宗喀巴與月稱之影響的考察》，載《2014年東亞佛教思想文化國際研討會論文集》。

〔註110〕莊朋：《印順中觀思想受到宗喀巴與月稱之影響的考察》，載《2014年東亞佛教思想文化國際研討會論文集》。

〔註111〕莊朋：《印順中觀思想受到宗喀巴與月稱之影響的考察》，載《2014年東亞佛教思想文化國際研討會論文集》。

喀巴的詞彙，但可惜他沒有做出任何相關引用的直接說明。」〔註112〕也許這種採用主要在於瞭解西藏中觀思想內容上的緣故。三是吸收思想。吸收思想是指印順法師的著作吸收了宗喀巴的中觀學思想。莊朋博士在分析印順法師的著作後指出：「如他上面敘述的，他第一部關於中觀學較爲成熟的論著，不只是《中觀論》的注疏，而且是吸收許多宗喀巴及月稱的種種思想之記錄。雖然，印順在該著作中並沒有直接提到宗喀巴的名字，而僅提及月稱，但是其思想影響卻是顯而易見的。上文首先就論述了宗喀巴一些相關見解的內涵。印順如同宗喀巴一樣認爲，《中觀論》所弘揚的教義是以緣起之義的正確瞭解爲主。」〔註113〕他還指出，印順法師不只是第一部關於中觀學著作吸收了宗喀巴的中觀學思想，而且後來的有關講稿也吸收了宗喀巴的中觀學思想。「受到藏傳佛教中觀詮釋之薰陶的印順，在民國31至32年，於四川合江法王學院開始講《中觀論》，第一次公開發表他對中觀學的新理解。這後來由演培法師所記載的講稿便成爲《中觀論頌講記》，也是第一部代表印順成熟期之中觀思想的著作。雖然，在其全文本中，宗喀巴的名字根本沒有出現過，但是宗喀巴所推廣的月稱應成法之影響，卻是顯而易見的。這從《中觀論頌講記》的第一頁便可以看見，印順雖然確實是隨著龍樹——佛護——月稱——宗喀巴此傳統而行。」〔註114〕

閱讀相關的書籍對印順法師探究佛法中觀學幫助很大。有三部書，對印順法師早期的寫作，資料方面有相當的幫助。一是西藏史學家多羅那他的《印度佛教史》。這本書對無著（大約336～405）、世親（大約360～440）時代的佛教，後期中觀學者的興起，以及中觀唯識二學派的論諍，特別是秘密大乘的興起與發展，有相當詳細的敘述，印順法師遂向墨禪法師借來慢慢看，爲其瞭解印度中觀學提供了幫助。二是宗喀巴的《密宗道次第廣論》。這本書是西藏格魯派宗喀巴大師所著的，對秘密乘——事、行、瑜伽、無上瑜伽四部續的次第作扼要的敘述。《密宗道次第廣論》是法尊從藏文譯出的，太虛大師當時要印順法師爲這部書潤文。印順法師讀了這本書，瞭解到秘密乘嚴重的天化特性，

〔註112〕莊朋：《印順中觀思想受到宗喀巴與月稱之影響的考察》，載《2014年東亞佛教思想文化國際研討會論文集》。

〔註113〕莊朋：《印順中觀思想受到宗喀巴與月稱之影響的考察》，載《2014年東亞佛教思想文化國際研討會論文集》。

〔註114〕莊朋：《印順中觀思想受到宗喀巴與月稱之影響的考察》，載《2014年東亞佛教思想文化國際研討會論文集》。

如修六天、天色身、天慢等，真是天佛一如。印順法師撰寫《印度之佛教》十七章的密教之興與佛教之滅時，這部書提供了主要內容。三是《古代印度》。全書十二章，從史料及古史，到南印度，印順法師就擇要的記錄下來，對後來《印度之佛教》的寫作，提供了史的重要參考。除了以上三部書，還有一些日本佛學著作及《莊子》等，對印順法師探究佛法中觀也很有幫助。日本佛學著作是印順法師在武昌佛學院所閱讀的，「正在武昌佛學院的印順法師，思維的軌道有了一個大銜接。高楠順次郎與木村泰賢合編的《印度哲學宗教史》、木村泰賢撰著的《原始佛教思想論》，以及由結城令聞所著、墨禪所譯有關心意識的《唯識思想史》，這幾部書的閱讀，使印順法師探求佛法的方法，與日本佛學研究的輝光，接軌了。」〔註115〕這使印順法師探求佛法的方法有所進步。不僅解決他的一些疑惑，而且使他探求佛法的視野更為寬廣。「出家之前的大疑惑：佛法這麼好，是一切智者之學，最高深的，為什麼如今成了這樣？什麼原因讓佛法慢慢變質了？日本學者的方法學，讓印順法師的學術性格，漸漸凸顯出來。自此，《大藏經》的東方智慧結晶，近代歐、日的西方治史方法，在他三十二歲的胸臆東西接軌。」〔註116〕《莊子》是中國道家的經典著作，對印順法師探求中觀學思想也產生了影響，「印順法師作為當代最為淵博的佛教義學高僧之一，將主要的精力放在了對佛法的簡別和抉擇上，沒有形成專門論述《莊子》的著作，但他進入佛法的大門、把握佛法的中道、解說佛教的修行，卻多以《莊子》為助緣，因此他的著作有多處涉及到《莊子》，可以為人們從不同的角度理解《莊子》及《莊子》與佛教的關係提供一些有益的啟發。」〔註117〕也許是由於《莊子》的影響，引起印順法師探求中觀學思想上出現了一個邏輯問題，「印順對緣起，以及與緣起直接相關的中道的推崇，無疑得佛學之精髓。但他尚未注意到，作為佛學緣起的非本體之說，在思維上仍然存在著本體的必然性，即莊子說的『有始』。這實際上是普遍存在的理論上的二律背反。」〔註118〕這個邏輯問題是應該引起重視的。

〔註115〕潘煊著：《法影一世紀——印順導師百歲》，天下遠見出版股份有限公司，2005年，第204頁。

〔註116〕潘煊著：《法影一世紀——印順導師百歲》，天下遠見出版股份有限公司，2005年，第204～205頁。

〔註117〕韓煥忠：《借徑南華入佛智——印順法師與莊子的因緣》，載《弘道》，2013年，第2期，第128頁。

〔註118〕麻天祥：《印順佛學思想解讀》，載《閩南佛學》（第四輯），宗教文化出版社，2005年，第372頁。

　　印順法師由於長期的探究修學、師友幫助以及大量閱讀，收穫很大。尤其是抗戰時在四川，從佛教初期的聖典中深有領略，對佛法的理解發生重大變革，這一個新的體認，更讓他贊仰空宗，並從此開始中觀學思想的弘揚，具體方式是：講說、寫作和出版。

　　關於講說，印順法師一般是隨緣講說。有時為僧人講說，1941 年，大醒法師起先推介印順法師去鼓山任湧泉佛學院教師，旋要他為同班同學上《十二門論》。1947 年，在雪竇寺編《太虛大師全書》時，續明法師等要印順法師講佛法，遂講《心經》與《中觀今論》。有時也為居士講說，印順法師說過：「李恒鉞，許巍文等少數居士來見我，要求我講中觀，我也就隨緣講說，每星期一次。」〔註119〕印順法師講說的內容被弟子記錄而成書。《心經講記》、《中觀今論》、《大乘起信論講記》、《勝鬘經講記》，就是從講說的音聲而凝成書面的文字，具體由續明法師記錄。其中《中觀今論》是應海潮音月刊社約稿，以《中觀今論》為題，隨講隨刊，由續明法師筆記錄寫。《中觀論頌講記》是 1942～1943 年間，陸續講說《中論》，由演培法師記錄而成。《金剛般若波羅蜜經講記》是 1942 年上學期，為法王學院學生講《金剛經》，由演培法師筆記而成。《性空學探源》是 1944 年再度詮述《中論》，由妙欽法師筆記而成。《般若心經講記》是在雪竇寺編《太虛大師全書》，其間應大醒法師之請，每日午後講《心經》，由續明法師筆記而成。印順法師經過這一番講說，徹底確信性空為佛法的根本教義。

　　關於寫作，印順法師一生都十分注重。早在武昌佛學院時，他撰寫了《三論宗傳承考》（署名啞言）、《中論史之研究》及《清辯與護法》三文。住錫武昌佛學院期間，他撰寫《三論宗史略》，發表在《海潮音》月刊上。晚年依然繼續寫作，雖然「印順導師一生多病，卻寫作不輟，即使到了八十歲，還完成了一本《空之探究》。這部二十年前寫出的書，讓二十年後今日的佛學院學子，讀來都感覺很吃重。」〔註120〕印順法師在寫作中遇到過不同意見的批評。1944 年，支那內學院王恩洋先生的《讀印度佛教書感》，對於印順法師著《印度之佛教》，頗能寄以同情，唯於空有之間，意見不無出入。王恩洋先生是著

〔註119〕印順導師著：《平凡的一生》，正聞出版社，2005 年，第 50 頁。
〔註120〕潘煊著：《法影一世紀——印順導師百歲》，天下遠見出版股份有限公司，2005 年，第 261 頁。

名的唯識學者，不滿真常唯心論，而認為它入篡正統，對於印度末期的秘密乘，當然沒好感。他站在唯識有宗的立場批評《印度之佛教》，主要也是為了辯論空宗與有宗孰為了義的問題。印順法師於是作《空有之間》答覆他，而發表於第二十五卷五、六月號《海潮音》月刊上。可以說，這純屬於一種正常的學術探討的表現形式。

關於出版，印順法師深感法喜充滿。1939 年《中觀今論》出版在即，時年四十四歲的印順法師，想及二十二歲初識《中論》，他在序中寫道：本論完成於社會變動日急的今日，回想《中論》與我的因緣，二十多年來給我的法喜，不覺分外的歡喜！此後印順法師的著作出版更多。1950 年，也是他歷年來出版最豐碩的一年。《中觀今論》、《般若波羅蜜多心經講記》、《評熊十力的新唯識論》、《青年佛教與佛教青年》、《性空學探源》、《大乘是佛說論》，先後在香港出版，加上《太虛大師年譜》，一共出版有七部之多。其中《中觀今論》的出版因緣，係因為法舫法師為居士們極力讚歎此書，所以香海蓮社發心出資流通。1952 年春，接獲馬來西亞檳城明德法師的來信，表示願發心籌款印行《中觀論頌講記》。以後在香港，還印行出版了《中觀論頌講記》、《勝鬘經講記》。所有這些著作的出版發行，說明印順法師的中觀思想深受社會認可和讀者歡迎。

印順法師對於中觀思想的探討本來有一龐大計劃，但因緣不具備，未能如願。他的原計劃是這樣的：1944 年秋，出《性空學探源》。1946 年春，曾以「性空導論」為題，開講於漢藏教理院。原擬定分「性空的發展史略」，「性空的方法論」，「性空的實踐」三編。但為了忽促的東歸，連「性空的發展史略」部份，都沒有完成，他自己也感到非常可惜。1947 年冬，在雪竇寺編纂《太虛大師全書》，應海潮音社的稿約，以「中觀今論」為題，隨講隨刊，他本想寫（或講）《性空思想史》，上編為阿含之空，阿毗曇之空；中編為性空大乘經之空，中觀論之空；下編為真常者之空，唯識者之空，中觀者之空，共為七章。《性空學探源》，即初編約十萬字。後五章，約五六十萬字。由於當時處在社會極度動亂的時代，他只能略談中觀正義，他就先摘取「中觀論之空」而講，成書後故稱為《中觀今論》。他講的《中觀今論》並不代表空宗的某一派，是以龍樹《中論》為本，《大智度論》為助，出入諸家而自成一完整的體系。雖然沒有完成原定計劃，但是他在中觀思想探究的成果還是值得重視的。

　　印順法師在中觀思想探究的成果與其研究態度和方法是分不開的。在研究態度上，具有無我的精神。他說：「我以為：在研求的態度上，應有無我的精神。無我，是離卻自我（神我）的倒見，不從自我出發去攝取一切。在佛法的研究中，就是不固執自我的成見，不（預）存一成見去研究，讓經論的本義顯現出來。切莫自作聰明，預存見解，也莫偏信古說。」〔註121〕在研究方法上，從論入手。「正是由於印公的『智增上』，所以他從事於佛學研究，要『從論入手』。因為，「論書條理分明，從研究論書入手，便能知道不同的論師之間以及各個部派之間，存在著不少的不同觀點，從而也就能夠從不同的經、論中，按圖索驥，直探本源！」〔註122〕這一研究方法，受到很高的評價：「『從經、律、論中去探究佛法』，這正是印公的過人之處。環顧當今佛界能夠這樣作的，又有幾人！」〔註123〕由於研究態度和方法對路，他從「初期聖典中，領略到佛法的精神。」〔註124〕然後「經這一番考察，對於性空的理解，增明不少，確信性空為佛法的根本教義。」〔註125〕從此也就堅定了自己對中觀思想的認識。印順法師自出家後，與三論空義的牽連未曾斷離，雖然一度留意唯識，但不久又回歸空宗。

　　印順法師始終貫徹中觀思想。這是由於「在理論上，印順確信性空為佛法的根本教義，以空為佛法的特質。」〔註126〕正如李恒鉞說：「中觀最接近導師的基本原則。」〔註127〕印順法師不僅在理論上堅守中觀思想，而且在修持上也運用中觀思想。他認為「唯有從這樣的思想中，能看出大小乘的分化由來，能指斥那些畸形發展而遺失釋尊本義的亂說！中觀學能抉擇釋尊教義的真相，能有助於佛教思想發展史的理解，這是怎樣的值得我們尊重！」〔註128〕不僅如此，他還認為「中觀能抉擇釋尊的中道，達到完成，使我們相信得這

〔註121〕印順著：《華雨集》第五冊，南普陀寺慈善事業基金會，2002年，第46～47頁。
〔註122〕黃夏年主編：《印順集》，中國社會科學出版社，1995年，第2頁。
〔註123〕黃夏年主編：《印順集》，中國社會科學出版社，1995年，第2頁。
〔註124〕印順講、續明記：《中觀今論》自序，正聞出版社，1992年。
〔註125〕印順講、續明記：《中觀今論》自序，正聞出版社，1992年。
〔註126〕李樹生：《論印順法師的佛教人本思想》，載《忻州師範學院學報》，2008年，第1期。
〔註127〕李恒鉞：《我從導師所學到的中觀》，載《印順導師的思想與學問——印順導師八十壽慶論文集》，正聞出版社，1992年，第141頁。
〔註128〕印順講、續明記：《中觀今論》自序，正聞出版社，1992年。

眞是一切智者的正覺！」〔註129〕印順法師雖然在理論上和修持上都貫徹中觀思想，但是他對中觀空的認識卻不是僵化不變的，而是以發展的眼光對待之。由此，可以這樣看待其中觀思想，「總的說來，印順的佛學思想是建立在他對『空』的獨特的深刻理解之上，而其對空的認識首先是發展的，即從實際到理論，由具體至抽象，而後在理論上不斷深化，各抒已見。」〔註130〕

第二節　印順研究中觀的抉擇與成就

一、分期與判教

以上分兩個部份敘述了印順法師與中觀的因緣：一是印順法師的生平與著作；二是印順法師對中觀思想的探究與弘揚。如果說這只是從微觀的角度探討印順中觀思想的形成過程，那麼要從宏觀的角度該如何抉擇印順中觀思想的產生呢？這就涉及到印順法師對佛教史的分期和判教兩方面。

判教是佛教學者根據各自對佛陀教法的理解而對傳世的經教分出類別、深淺及傳出的先後等，對整個佛陀教法進行總判攝，從而建立貫攝全部佛法的綱領與體系，以表明自己對整個佛教總的看法，其分判具有佛教思想史與佛教學術史的性質。關於判教及其意義，印順法師認爲「以究竟眞實爲準繩，而統貫衡量一切法門。表現於古代的研究形式，這就是判教。雖然方法不同、觀點不同、結論不完全一致，而這種求眞實的信念，推動鼓舞了佛教的前進。」〔註131〕

判教，對於佛教來說，古已有之。我國古代佛教學者就非常重視判教，他們「雖然方法不同、觀點不同、結論不完全一致」，但是有一共同點，就是從自身的虔誠信仰爲出發點而進行判教，這就導致「我國古德對全體佛法判釋，本於對大聖佛陀的篤信，認爲一切佛法皆是佛說，後代佛子只能對佛陀所說教義闡述，不能有自己的創說，對於東流一代時教的判釋，自然著重於佛世時所說。」〔註132〕使用這種判教，所出現的許多佛經皆判爲佛說與歷史

〔註129〕印順講、續明記：《中觀今論》自序，正聞出版社，1992年。

〔註130〕麻天祥：《印順佛學思想解讀》，載《閩南佛學》（第四輯），宗教文化出版社，2005年，第343頁。

〔註131〕印順著，《無諍之辯》，正聞出版社，1995年，第246～247頁。

〔註132〕演培：《印順導師對印度佛教分期的詮述——爲慶祝慶功版肯定導師八十嵩壽而寫》，載《印順導師的思想與學問——印順導師八十壽慶論文集》，正聞出版社，1992年，第7頁。

事實就難以契合，「古德的判釋時教，唯就佛陀住世時的一代言教而言，認爲所有傳來中國的大小乘經典，都是佛在世時親口之所說出，所說經典所以會有先後層次，那是針對利鈍不同的根機而言。如在某個時期對某類眾生說某種法，而在另一個時期對另類眾生說另種法，從傳來中國的經典，對這可以明白看出，所以判釋如來一代言教，自然認爲一切經典，皆是佛陀親口所說，如有那個說某佛經不是佛說，古德自然難以接受。佛住世時說法很多，任何人都不可否認的，但是不論多到什麼程度，如說現代所流行的一切佛法，特別是像我國所流行的諸大乘經典，佛世時已經全部說出，爲現代研究佛法者所難承認，因爲根據歷史去看，很多佛經是後來發展起來的，這是無可否認的史實，否認也無法否認得了的。」〔註133〕這是因爲「事實現在所流行的佛法，不是佛在短短五十年中所說出的，而有很多是後來陸續發展起來的，所以古德的各種判教，雖值得予以高度讚歎，但如將所判攝的一切佛法，視爲佛世時所說好的，不免有所偏頗，不能代表後來發展起來的佛法。」〔註134〕古代的佛教學者由於尊重信仰而忽視了歷史事實，故其判教令人難以信服。

　　近代的佛教學者注意到古代的佛教學者判教的「偏頗」，開始從歷史的視角進行判教。「幸而到了近代，佛教諸大德中，有的已感到歷史的重要性，深知不能昧於歷史，海闊天空的大談義理，因爲談玄說妙的那套，已不能滿足需要拿事實來的學者所求，所以富有判教思想的大師，不再如古德那樣的，專著眼於佛世時的佛法，而注意對流行於時空的一切佛法，使人認識到流行中的佛法，那些是佛法的本質，那些是佛法的變質，不致再爲滲透到佛法中來的不正思想之所蒙蔽！如近代有些佛教學者，將佛學從公元前六世紀到公元後十一世紀的一千五百年左右，分爲原始佛教、部派佛教、初期大乘佛教、中期大乘佛教、後期大乘佛教的五個時期，完全是就流行印度千五百餘年的佛法而分的。」〔註135〕近代的佛教學者中，太虛大師的判教就是一個很典型

〔註133〕演培：《印順導師對印度佛教分期的詮述——爲慶祝慶功版肯定導師八十嵩壽而寫》，載《印順導師的思想與學問——印順導師八十壽慶論文集》，正聞出版社，1992年，第2～3頁。

〔註134〕演培：《印順導師對印度佛教分期的詮述——爲慶祝慶功版肯定導師八十嵩壽而寫》，載《印順導師的思想與學問——印順導師八十壽慶論文集》，正聞出版社，1992年，第3頁。

〔註135〕演培：《印順導師對印度佛教分期的詮述——爲慶祝慶功版肯定導師八十嵩壽而寫》，載《印順導師的思想與學問——印順導師八十壽慶論文集》，正聞出版社，1992年，第8～9頁。

的例子，郭朋先生認為：「虛老所謂的判攝，也就是對佛教再進行一次概略地分類，仿古而又別於古。」〔註136〕印順法師是當代著名的佛教學者，作為太虛大師的弟子，對太虛大師的判教思想既有繼承又有創新。印順法師提出了自己的獨特的判教思想，羅顥指出：「印順的判教理論，有五期說、四期說、三期說和大乘三系說等。而尤以五期說和大乘三系說，最為豐富、精彩，最能代表印順的佛教思想和佛教史學觀。」〔註137〕我們將結合古代、近代的佛教學者，尤其是太虛大師的判教思想，系統地闡述印順法師分期說和三系說的判教思想。

聖嚴法師在他的《印度佛教史》一書中著重談到近代的學者，對於印度佛教史的分期法。他列出了五種分期的方法，分別為：一、我國太虛大師的三期說：①初五百年為小彰大隱時期。②第二五百年為大主小從時期。③第三五百年為密主顯從時期（《太虛全書》四五五頁）。到他晚年，又改為小行大隱、大主小從、大行小隱密主顯從的三期（《太虛全書》五一四至五一七頁）。此一分期法，雖有價值，但嫌粗略。二、又有一種三期說：①自釋尊至龍樹，為根本佛教的發達期。②自龍樹至法稱，為大乘佛教的興盛期。③自法稱至回教侵入印度後約一百年間，為佛教的衰頹期。此一分期法，以根本佛教概括了佛世的原始佛教以及佛滅約百年後的部派佛教，故亦有含混之弊。三、尚有一種三期說：①自釋尊成道至滅後約百年之間為原始佛教期。②自佛滅約百年後至龍樹間為小乘佛教發達期。③自龍樹至第二法稱間為大乘佛教興盛期。此說與木村泰賢及宇井伯壽等略同。四、龍山章正的四期說：①原始佛教時代。②部派佛教時代。③大乘佛教時代。④密教時代。此說將大乘佛教的後期，特設密教期並以部派佛教代替小乘佛教，原始佛教則為後來小乘及大乘各派，發展的共同基礎，故堪稱有見地。五、印順法師的五期說：①佛陀時代為聲聞為本之解脫同歸。②佛滅四百年中為傾向菩薩之聲聞分流。③佛滅四世紀至七世紀為菩薩為本之大小綜合。④佛滅七世紀至千年間為傾向如來之菩薩分流。⑤佛滅千年以下為如來為本之梵佛一體。這是從思想及教團的發展演變上考察而得的。其理由類於太虛大師而分析較為繁密。唯印公有其獨立的思想，可參閱其所著《印度之佛教》。本書對各家分期法，不作取捨依準，僅作論列參考，所

〔註136〕郭朋著：《太虛思想研究》，中國社會科學出版社，1997年，第29頁。
〔註137〕羅顥：《印順導師判教理論述要》，《弘誓院訊》，2002年，第68期。

以本書章目是以問題為中心，不必即以時代作分割。〔註138〕聖嚴法師認為
這五種分期法「尚無定論」，「不作取捨依準」，僅供參考。這五種分期法，
按印順法師的看法，「印度佛教發展之全貌，時賢雖或有異說，而實大體從
同。」〔註139〕在這裡，我們要著重指出的是，對於印順法師的分期法，聖
嚴法師只列了五期說，這是不全面的。其實，印順法師對印度佛教史所作
的分類，有三期說、四期說和五期說。

三期說，印順法師認為，佛法在印度的長期（約一千六百年）流傳，分
化、嬗變，先後有著顯著的不同。從不同的特徵和內容來看，可以區別為三
類：一、佛法；二、大乘佛法；三、秘密大乘佛法。印順法師並認為這種「三
期佛教的發展，與古德的判教，現出一致的傾向，這是很可注意的。」〔註140〕
這種「一致的傾向」主要表現在次第的相同上，對此，印順法師認為「符古
德之判教：印華古德之約理以判教者，並與此三期之次第合。」〔註141〕他還
進一步指出：「從我國古德判教上看，地論師的四宗：因緣、假名從初期開出
（其實還不止）；不真宗指三論等；真宗指地論等，這與三期佛教的次第全同。
賢首雖分五教，後人把它攝為法相、破相、顯性三宗，那不是又相同嗎？嘉
祥的三論宗，雖標揭關河古義，只分小乘大乘，但它也曾在僧睿的阿含為之
作……般若為之照以下，加上方便為之融；這三階的次第，等於證實三期佛
教的不容否認。天台呢？藏通別圓四教本是從龍樹，三教引申出來；可以說，
它在三期佛教以上，加了中國發揮的新體系。……最近太虛大師提出三期佛
教，從小乘、大乘顯教、大乘密教的盛行上劃為三期。從它的盛行上看，確
乎如此，並且還有教證。」〔註142〕印順法師在這裡特別提到了太虛大師的三
期法。

在印度佛教史的分期上，太虛大師早年將一千五百年的印度佛教史，
分為三個時期，每期（大數）五百年。第一個五百年，約當公元以前，為
小行大隱（聲聞乘）時期。第二個五百年（一至五世紀），為大主小從（菩
薩乘）時期。第三個五百年，為密主顯從時期，這時期印度密（咒）教盛

〔註138〕聖嚴法師編述：《印度佛教史》，第40～41頁。
〔註139〕印順著：《印度之佛教》自序，正聞出版社，2004年。
〔註140〕印順著：《華雨集》第四冊，南普陀寺慈善事業基金會，2002年，第81頁。
〔註141〕印順著：《印度之佛教》自序，正聞出版社，2004年。
〔註142〕印順著：《華雨集》第四冊，南普陀寺慈善事業基金會，2002年，第83～84
頁。

行。太虛大師「此一佛法的分判，雖各以五百年爲期，但不能機械的視爲必然如此，不過是以某一思想，作爲某一時期主流，實際每一時期所流行的佛法，都有另一思想流，暗暗在該時期中流行，如要嚴格的劃分，那就不是大師分期的本意。像這樣的將佛教分爲幾個不同時期，含有可靠的歷史性，重歷史者就不能不信。」〔註143〕同時也必須看到，這種三期的分法，與太虛大師提出的從小乘、大乘顯教、大乘密教的盛行上劃爲三期在思想上基本是一致的。但這種分期與他晚年的三期分法是不一樣的，他晚年積極主張弘揚人生佛教，爲了人生佛教的廣泛傳播，引起社會各界的關注，突顯人生佛教是符合時代潮流方向的思想，他對佛教史的分期又重新進行了解說，印順法師指出：「民國二十九年，虛大師講《我怎樣判攝一切佛法》，分佛教爲三期：一、依聲聞乘行果趣發大乘心的正法時期。二、依天乘行果趣獲大乘果的像法時期，在印度進入第二千年的佛法，正是傳於西藏的密法；中國則是淨土宗。三、依人乘行果趣進修大乘行的末法時期。……到了這時候（現代）……依聲聞行果，是要被詆爲消極逃世的；依行果（密、淨），是要被謗爲迷信神權的，不惟不是方便，而反成爲障礙了。這是虛大師的晚年定論，方便的融攝了密與淨，而主張現在應弘揚人生佛教。」〔註144〕這種分期法，與太虛大師提倡的人菩薩行和人生佛教的思想是相一致的。

印順法師的三期說，是採用了以「經爲經，以論爲緯，綜合南北印佛教以觀其演變」的方式，故而「與學偏西北，以論典之流行爲主者，自當所見異趣。」〔註145〕具體來說，表現在印順法師「對於印度一千五至六百年佛教的演變，就其特徵，分爲三個時期，是較切近於歷史的事實，與古德的判教方法頗不同，卻有承受於虛大師的分類說。不同的是，他們都將此三時教的內容，視爲釋尊一代的教說，而作爲判攝。印公則是從歷史性的傳佈、演進與流變的情形，加以探究、抉發，就其特徵而予以說明。而認爲此三期的佛教，初一時期的是聲聞乘教，是釋尊爲契應當時苦行思想盛行的環境中，蔚

〔註143〕演培：《印順導師對印度佛教分期的詮述──爲慶祝慶功版肯定導師八十嵩壽而寫》，載《印順導師的思想與學問──印順導師八十壽慶論文集》，正聞出版社，1992年，第9頁。

〔註144〕印順著：《華雨集》第五冊，南普陀寺慈善事業基金會印，2002年，第99～100頁。

〔註145〕印順著：《無諍之辯》，正聞出版社，1995年，第107頁。

成出家趣求解脫風氣的根機，而施設教化的方便，未能正直捨方便，但顯無上道地暢佛本懷。第二時期的菩薩乘，即一般所稱的大乘教，是發揚佛陀的大正覺等流的悲智圓滿與化世利行，即注重人間救濟的利他主義思想的發達與昂揚時期，是佛教在人間正常的發展。第三時期的如來乘教，則是融攝印度原來的宗教——婆羅門教爲主的受梵我思想同化，與秘密（神咒）欲樂的俗習薰染，而致走上衰亡之路！這印度三期佛教的特徵，在印公的從依機設教來說明人間佛教。」〔註146〕雖然印順法師的三期說是「承受於虛大師的分類說」，但是他們的出發點有所不同，尤其是太虛大師晚年的定論，基本上是從當時的中國佛教出發的。然而，印順法師從印度佛教出發的，認爲「印度的三期佛教，在理論上、行踐上，都有它一貫的特徵。這三期佛教，正像人的一生；初期佛教是童年：它活潑天眞、切實，批評階級制、苦行、迷信、祭天、淫蕩、神我，指導了不苦不樂的人生正軌。不過，正法的內容，還沒有具體的開發，理論上幼稚了些。它還在求學時代，重於自利。中期佛教，是少壯時代：理智正確發達，行動也能切實，它不但自利，還要利他。它不像小孩的亂跳，老翁的倚杖閒眺，它富有生命、朝氣，大踏步向前走。不過世間的經歷漸多，不隨時檢討，惰性、自私怕要躍躍欲試了。後期佛教是衰老，一直向滅亡前進。它的經驗豐富，哲理的思辨，中期也有不及它的地方。它的惰性漸深，暮氣沉沉，專爲子女玉帛打算，卻口口聲聲說爲人。上次，虛大師南洋訪問回來，說錫蘭教理是小乘，行爲是大乘；中國理論是大乘，行爲是小乘。我看：南方佛教較有實際利人的行爲，這是初期佛教的本色。現階段的中國佛教，不但理論是後期的大乘，唯心的、他力的、速成的行踐，也都是後期佛教的本色。我們如果要復興中國佛教，使佛教的救世成爲現實，非推動中期的少壯青年的佛教不可。後期佛教，可以請他做顧問，取他一分豐富的經驗。我們更得發揚初期的天眞、切實的精神。以中國內地特有的中期佛教的思想，攝取藏文系及巴利文系的寶貴成分，發揚佛陀本懷的即人成佛的佛教！」〔註147〕

通過對三期佛教的比較，印順法師形成了三種截然不同的態度：一是對

〔註146〕修嚴：《印順導師在教理教史上的特見》，載《印順導師的思想與學問——印順導師八十壽慶論文集》，正聞出版社，1992年，第92頁。

〔註147〕印順著：《華雨集》第四冊，南普陀寺慈善事業基金會，2002年，第110～111頁。

初期佛教，他說：「我尊重（童眞般的）佛法，也讚揚（少壯般的）初期的大乘佛法，……」〔註148〕二是對中期佛教，他讚揚少壯青年的佛教。這一點得到力嚴的認同，力嚴指出：「我們如果要復興中國佛教，使佛教的救世成爲現實，非推動中期的少壯青年的佛教不可。」〔註149〕三是對後期佛教，「由此可見印順導師的判教確實認爲：後期佛教較前期佛教含有更多不純正的外道素質在內，因此必須加以批判、揚棄。」印順法師還從三法印的角度論述了他的三期說，他說：「不過，初期似乎是多說三法印；後期多說一實相印。唯有在中期佛教中，才能一以貫之，沒有離一實相的三法印，也沒有離三法印的一實相。」〔註150〕從此可以看到，印順法師注重的是中期佛教，也就是少壯青年的佛教，實際指的是性空唯名論。因爲印順法師把他的三期說對應過其三論，他認爲「印度之佛教，初則無常論盛行，中則性空論，後乃有眞常論盛行，參證史蹟有如此，不可以意爲出入也。」〔註151〕印順法師對印度佛教史和佛教教義的考察，最後「也就作成這樣的結論：立本於根本佛教之淳樸，宏闡中期佛教（指初期大乘）之行解，（梵化之機應愼），攝取後期佛教之確當者，庶足以復興佛教而暢佛之本懷也歟！」〔註152〕

　　四期說，是在三期說的基礎上，印順法師將三期說的大乘佛法再細分出初期大乘佛法和後期大乘佛法二類，成爲四期說。四期說從內容上來分析，約義理說，佛法是一味的。初期大乘是一切皆空說，後期大乘是萬法唯心說。秘密大乘佛法有顯著的特色，所以別立爲一類。對於這種分期法，印順法師從印度佛教思想史的角度與臺賢教判作了比較，他認爲：「上來依印度佛教史所作的分判，與我國古德的判教是不同的。古德的判教，以天台、賢首二家爲最完善。但古德是以一切經爲佛說，依佛說的先後而判的，如古代的五時教，《華嚴經》的三時，如作爲出現於歷史的先後，那是不符實況的！然天台所判的化法四教，賢首所判的五教（十宗），從義理上說，與印度佛教思想史的發展，倒是相當接近的，試列表而再爲解說：

〔註148〕印順著：《華雨集》第四冊，南普陀寺慈善事業基金會，2002年，第18頁。
〔註149〕力嚴：《法海探珍》，載《現代佛教學術叢刊》第99冊，大乘文化出版社，1997年，第57頁。
〔註150〕印順著：《華雨集》第四冊，南普陀寺慈善事業基金會，2002年，第99頁。
〔註151〕印順著：《印度之佛教》自序，正聞出版社，2004年。
〔註152〕印順著：《華雨集》第四冊，南普陀寺慈善事業基金會，2002年，第31～33頁。

```
天台四教 賢首五教 四期
藏教————小教————佛法
通教————始教————初期大乘佛法
    ┌──┘ └──┐
別教─┴──終教──┼──後期大乘佛法
頓教─┘
圓教──圓教──秘密大乘佛法
```

天台的通教與別教，與初期大乘及後期大乘相當。」〔註153〕也就是說，這種比較看似可以對應，但是從歷史的先後上說，古代臺賢學者的判教是「不符實況的」，從義理上說，「相當接近的」。

五期說，也是印順法師根據印度佛教史的流變，所作的分判。五期為：一、聲聞為本之解脫同歸；二、菩薩傾向之聲聞分流；三、菩薩為本之大小兼暢；四、如來傾向之菩薩分流；五、如來為本之梵佛一體。五期的分法，是從歷史發展先後的角度進行的區分，表現出每一期佛教的分化方式和內容都具有自身的特點。第一期之佛教，為急於己利（聲聞）與重於為人（菩薩）兩大思想之激蕩。「此後之佛教，莫非據此本教，內為理論之開發，外為方便之適應，而次第發達成之。」〔註154〕第二期之佛教，小乘盛而大乘猶隱。第三期之佛教，說三乘共同一解脫，與根本佛教相契應。然佛世重聲聞，詳菩薩之利他。第四期之佛教，傾向如來之菩薩分流。第五期之佛教，為如來為本之梵佛一體。「印度佛教的創始到衰滅，凡經五期之演變；若取喻人之一生，則如誕生、童年、少壯、漸衰而老死也。」〔註155〕這種比喻，與三期法中的比喻具有異曲同工之妙。

五期說，在印度佛教史的流變上，印順法師認為與三時教也是相合的。他說：「如上印度佛教五期之流變，今更束之為兩類三時教，即與從來判教之說合。」〔註156〕與三時教相合的理由是「以教理而觀佛教之演變，頗明白可見：初則聲聞（小乘）之四諦乘，中則菩薩（大乘）之波羅密乘，後則為如來（一乘）之陀羅尼乘。二、自教理之發展言之，亦有三時，即初二期為初

〔註153〕印順著：《華雨集》第四冊，南普陀寺慈善事業基金會，2002年，第11頁。
〔註154〕印順著：《無諍之辯》，正聞出版社，1995年，第117頁。
〔註155〕印順著：《華雨集》第四冊，南普陀寺慈善事業基金會，2002年，第17頁。
〔註156〕印順著：《佛教史地考論》，正聞出版社，1992年，第103頁。

時教，第三期（含得二期之末及四期之初）爲中時教，四五兩期爲第三時教。初時教以諸行無常印爲中心，理論、修行，並自無常門出發。實有之小乘，如說一切有部，其代表也。第二時教以諸法無我印爲中心，理論之解說，修行之宗要，並以一切法（無我）性空爲本。性空之大乘，如龍樹之中觀學，其代表也。第三時教以涅槃寂靜印爲中心，成立染淨緣起，以無生寂滅性爲所依；修行解脫，亦在證覺此如來法性。眞常（即常談之妙有、不空、中道）之一乘，如《楞伽》、《密嚴經》，其代表也。後之秘密教，雖多不同之解說，於眞常論而融攝一切事相耳，論理更無別也。」〔註 157〕在這裡，印順法師指出：「初時教以諸行無常印爲中心，理論、修行，並自無常門出發」，「第二時教以諸法無我印爲中心，理論之解說，修行之宗要，並以一切法（無我）性空爲本」，「第三時教以涅槃寂靜印爲中心，成立染淨緣起，以無生寂滅性爲所依；修行解脫，亦在證覺此如來法性。」由此可以看到，三時教是以佛教的三法印爲中心的，也就是說，三時教是符合佛法三法印標準的。由於五期說與三時教是相合的，因此五期說也是符合佛法三法印標準的。

　　五期說與三時教是相合的，這種教判與古代的佛學者以及太虛大師的判教相比，只是在次第上相通，而在內容上還是有一定的差別。在次第上相通，主要體現出「以上三時的教判，與傳譯來的經論如《解深密經》所載的教判說，以及許多中後期集出的經論所說次第，大體符合；與古德——如天台、賢首的判教次第，亦有多分相通。而尤以近代中國佛教所共仰的，倡導佛教三大革新運動的太虛大師，其晚年成熟的教判，亦多近同。」〔註 158〕在內容上的差別，則表現出「如此分期，不特與古德將佛法屬於佛世時的一代言教不同，就是與現代西方及日本學者分爲原始佛法等的幾個時期不同，與近代佛教領袖太虛大師所判攝的三期佛法亦略有出入。雖則如此，但不能不說太虛大師與印順導師，所分三期或五期，是爲判攝佛法的雙美，都值得我們採取說明印度所流行的佛法。除了古德崇敬佛陀，一切佛法推尊於佛，其他的教判，都是從歷史的觀點，將佛所說的教義，加以組織而成的。」〔註 159〕

〔註 157〕印順著：《佛教史地考論》，正聞出版社，1992 年，第 104 頁。

〔註 158〕修嚴：《印順導師在教理教史上的特見》，載《印順導師的思想與學問——印順導師八十壽慶論文集》，正聞出版社，1992 年，第 91 頁。

〔註 159〕演培：《印順導師對印度佛教分期的詮述——爲慶祝慶功版肯定導師八十嵩壽而寫》，載《印順導師的思想與學問——印順導師八十壽慶論文集》，正聞出版社，1992 年，第 26 頁。

　　印順法師認爲五期說與三期說也可以互通。他曾解釋道:「這五期中,一、三、五,表示了聲聞、菩薩、如來爲主的,也就是修聲聞行,修菩薩行,修如來行,有顯著不同特色的三大類型;第二與第四期,表示了由前期而演化到後期的發展過程。在《說一切有部爲主的論書與論師之研究》自序,又以佛法、大乘佛法、秘密大乘佛法——三期來統攝印度佛教。佛法中,含攝了五期的初期與二期,也就是一般所說原始佛教與部派佛教。大乘佛法中,含攝了五期的第三與第四期,我通常稱之爲初期大乘與後期大乘。約義理說,初期大乘是一切皆空說,後期大乘是萬法唯心說。秘密大乘佛法有顯著的特色,所以別立爲一類。三期的分類,正與秘密大乘者的分類相合,如《攝行炬論》所說的離欲行、地波羅蜜多行、具貪行;《三理炬論》所說的諦性義、波羅蜜多義、廣大密咒義。因此,我沒有一般人那樣,統稱後三期爲初期大乘,中期大乘,後期大乘,而在前期大乘、後期大乘外,把末後的秘密大乘獨立爲一期。這是約思想的主流說,如大乘佛法時期,部派佛教也還在發展中;秘密大乘佛法時期,大乘佛法也還在宏傳,只是已退居旁流了!」〔註160〕因爲從上面我們知道,四期說是在三期說基礎上的細分,現在五期說與三期說又可以互通,這樣看來,印順法師的三期說、四期說和五期說之間都是可以互通無礙的。

　　五期說,基本上反映了印度佛教在歷史上的發展進程。後人也評述過「導師對於佛教的分期,可說是本印度佛教凡經五期的流變,或說是循佛教歷史法則的進展,作如此分的。」〔註161〕印順法師並沒有在五期說的內容上止步,以後又進行了不斷地豐富和補充。「五期說是印順導師對全體印度佛教考察後的總結性理論,印順在他的早期著作《印度之佛教》中即已系統地給予揭示,以後又不斷地予以充實。」〔註162〕

　　上面我們討論了印順法師對印度佛教史的分期看法,那麼他對從印度傳入中國的大乘佛教又是如何看待的呢?傳入中國的佛教,以大乘佛法爲主,因此對大乘佛教進行判教就具有重要的意義。中國佛教史上已有諸多佛教學

〔註160〕印順著:《華雨集》第四冊,南普陀寺慈善事業基金會印,2002年,第6~10頁。

〔註161〕演培:《印順導師對印度佛教分期的詮述——爲慶祝慶功版肯定導師八十嵩壽而寫》,載《印順導師的思想與學問——印順導師八十壽慶論文集》,正聞出版社,1992年,第11頁。

〔註162〕羅顥:《印順導師判教理論述要》,載《弘誓院訊》,2002年,第68期。

者作出判教，印順法師怎麼還要作出三系說的判教呢？關於這個問題，印順法師也自問自答了。如他所說：「為什麼要另外建立？關於這，我認為有三點是先要注意的。一、大乘三系，都是無限的深廣。著重某一角度而說，立名即會有不同。二、大乘是無限的深廣，用三五字來表示它，每每不免有例外。三、大乘三系，都是從大處著眼，從某一角度的特義而立名。」〔註163〕故而，對於大乘佛法中，印順法師在1941年所寫的《法海探珍》中，就說到了三系：性空唯名、虛妄唯識、真常唯心，後來也稱之為三論。可以說，這一年也就是他對大乘佛教三系的創說的時間。大乘三系之所出，在時間上是有先後的，按印順法師對大乘佛教的考察，其順序是：一、性空唯名論，二、虛妄唯識論，三、真常唯心論。這一三系說，印順法師認為如果從事理的特徵上來說，那麼也可以劃為三期（這與印順法師對印度佛教劃分的三期說不同）。「佛教既為次第之發展，錯綜離合，為非斷非常，非一非異之緣起，孰得而分劃之，然就事理之特徵，故劃為無常實有之聲聞行，性空幻有之菩薩行，真常妙有之如來行三期。」〔註164〕這種三系說和三期的劃分，印順法師依據的理論和原則，依然是佛教的三法印。他認為「三期佛教與三大思想系的開展，不出緣起三法印的解說；因時眾的需要，或觀點的偏重，成為不同的體系。」〔註165〕他在《法海探珍》中，曾以三法印——諸法無我，諸行無常，涅槃寂靜，作為三系思想的不同所依。

　　關於三系的不同，他解釋道：「成立一切法，說明一切法，所依的基本法則不同（實就是諸法無我，諸行無常，涅槃寂滅，三法印的著重不同），出發點不同，所以分為三大系——性空，虛妄，真常。而此依於性空的，虛妄（生滅）的，真常的，而成立的一切法，到底是些什麼？到底以什麼為中心，可能少少不同（所以真常論也有不唯心的，虛妄論也有不唯識的），但依三大系的主流來說：性空者以為唯是假名施設，虛妄者以為唯是識所變現的，真常者以為唯是自心所顯現的。因此，又稱之為唯名，唯識，唯心。」〔註166〕在這裡，他也指出依三大系的主流來說，三系說的名稱，又可稱為唯名、唯識、唯心。對於三系的名稱的安立，印順法師的理論依據是凡是圓滿的大乘宗派，必有圓滿的安立。一、由於惑業而生死流轉，到底依於什麼而有流轉的可能。

〔註163〕印順著：《無諍之辯》，正聞出版社，1995年，第125～126頁。

〔註164〕印順著：《無諍之辯》，正聞出版社，1995年，第117頁。

〔註165〕印順著：《華雨集》第四冊，南普陀寺慈善事業基金會，2002年，第94頁。

〔註166〕印順著：《無諍之辯》，正聞出版社，1995年，第138頁。

二、由於修證而得大菩提，到底依於什麼而有修證的可能。這二者，有著相關性，不能病在這裡，藥在那邊。根據這一原則，三系說的具體名稱是如何安立的呢？性空唯名論依《般若》等經，龍樹、提婆、清辨、月稱等論而安立。他認爲「惟有從性空中，貫徹常與無常，才能契三法印即一法印，安立佛法，開顯佛法的深奧。」〔註167〕而且「唯有中觀者，在法法性空的基點，宣說一切但有假名，所以以唯名來表示它。」〔註168〕虛妄唯識論，何以立名爲虛妄？他認爲「惟有有爲生滅的依他起性，才有成立染淨因果可能。這是不可不有的，沒有就一切都不成立。」〔註169〕而且「依他起性是染淨依，在宗歸唯識時，依他起即虛妄分別的心心所法。」〔註170〕「著重虛妄的依他起性——識而成立一切，豈非是唯識宗的通義！」〔註171〕眞常唯心論這是依宣說如來藏，如來界，常住眞心，大般涅槃等一分大乘經而立，攝得《起信論》的結果。因爲「本淨眞性，總持於心性；以此眞常心爲依而有生死、涅槃事，爲流轉、還滅的主體，所以稱之爲眞常唯心論。」〔註172〕最後，印順法師要建立這三系的不同的眞正目的在於「我是以性空唯名論爲究竟了義的，但對於三宗的判別，重在把三宗的特殊思想系——要怎樣才能建立生死與涅槃，掘發出來；從大乘三宗的特點上，建立三宗的名稱。」〔註173〕從而突出性空唯名論爲究竟了義。以後，印順法師著重於三系的分解，所以寫的與講的，著重於此。如屬於性空唯名論的，有《金剛般若波羅蜜經講記》、《般若波羅蜜多心經講記》、《中觀論頌講記》、《中觀今論》、《性空學探源》。屬於虛妄唯識論的，有《攝大乘論講記》、《唯識學探源》、《解深密經》。屬於眞常唯心論的，有《勝鬘經講記》、《大乘起信論講記》、《阿跋多羅楞伽寶經》。

　　印順法師認爲，三系說是受太虛大師的啓發而提出的。他曾說過：「我的大乘三系（或作三論）說，是從太虛大師的三宗來的。」〔註174〕與此同時，他也否定了在三系來源上學術界存在的兩種不同看法：一種是認爲類似日本佛教學者的見解。對於這種看法，印順法師開始感覺很奇怪，他說：「我的大

〔註167〕印順著：《無諍之辯》，正聞出版社，1995年，第127頁。
〔註168〕印順著：《無諍之辯》，正聞出版社，1995年，第130頁。
〔註169〕印順著：《無諍之辯》，正聞出版社，1995年，第131頁。
〔註170〕印順著：《無諍之辯》，正聞出版社，1995年，第131頁。
〔註171〕印順著：《無諍之辯》，正聞出版社，1995年，第132頁。
〔註172〕印順著：《無諍之辯》，正聞出版社，1995年，第133頁。
〔註173〕印順著：《無諍之辯》，正聞出版社，1995年，第137頁。
〔註174〕印順導師著：《永光集》，正聞出版社，2004年，第240頁。

乘三系說，……除了虛大師所說有所啓發外，在這抗戰期間，不通日文的我，是不可能消化了日本佛教學者的研究成果。所以我讀到《臺灣當代最偉大的思想家》說：這樣（三系）的排列方式，日本佛教學者高楠順次郎，於夏威夷大學講（佛教哲學要義）時，已使用過了（《福報》六十二期），我非常歡喜，有智者所見相同的感覺。近來見到了一本《佛教哲學要義》，是高楠順次郎所著，藍吉富譯，正文書局於民國六十七年出版的。經仔細閱讀竟沒有大乘三系的排列與說明。在該書緒論末，分佛教爲二大類：一、否定式合理論諸學派，有俱舍，成實，法相，三論——四宗。二、內省式直觀主義諸學派，含攝了華嚴，天台，眞書，禪，淨，律等宗派（一○～一二頁）。這確是高楠順次郎著的《佛教哲學要義》，但沒有三系的排列次第，那作者爲什麼要說日本佛教學者，……已使用過了呢？」〔註175〕印順法師通過閱讀日本佛教學者的譯著後，發現根本沒有與自己相同的三系說，從而徹底否定了這種看法。另一種是認爲月稱著作的影響。印順法師也給予了有說服力的證據加以否定，他指出：「我與月稱思想的關係，很少人提及，唯一例外的是江燦騰居士。他對月稱的思想，似乎與我差不多，知道得有限，但他卻能從想當然的意境中作出論斷。如說我是月稱的著作，則提供了他三系判教的理論基礎（福報）六十二期）。……我的大乘三系說最早發表的是三十年寫的《法海探珍》，那時我還沒有讀到月稱的《入中論》。據我所知，月稱與宗喀巴，承認大乘有瑜伽行與中觀二大流，而作了不了義的分別，與支那內學院所見的相近。他說月稱的著作，提供了他（指印順）三系判教的理論基礎，不知他到底根據些什麼？」〔註176〕

三系說，印順法師認爲與太虛大師所立的三宗在分類、內容和次第上是相同的。在分類上，印順法師分大乘法義爲三論——性空唯名論，虛妄唯識論，眞常唯心論。這一分類，大致與虛大師的大乘三宗——法性空慧宗，法相唯識宗，法界圓覺宗相同。在內容上，印順法師認爲「以大乘法來說，可條別爲三大系，太虛大師稱它爲：法性空慧，法相唯識，法界圓覺。我也曾稱之爲：性空唯名，虛妄唯識，眞常唯心。名稱不同，內容大致一樣。」〔註177〕在次第上，他說：「我分大乘佛法爲三系：性空唯名，虛妄唯識，眞常唯

〔註175〕印順導師著：《永光集》，正聞出版社，2004年，第240～241頁。
〔註176〕印順導師著：《永光集》，正聞出版社，2004年，第247～248頁。
〔註177〕印順著：《成佛之道》，正聞出版社，1993年，第370頁。

心，與太虛大師所判的法性空慧宗，法相唯識宗，法界圓覺宗——三宗的次第相同。」〔註178〕不僅如此，而且印順法師還認爲他的三系說，與中國佛教史上大師判教也是相通的。他說：「古代賢首宗，判大乘爲：法相宗，破相宗，法性宗，也還是這大乘三系。」〔註179〕

印順法師清楚地認識到他的三系說與太虛所立的三宗也存在著不同，並分析了其中的原因。他毫不隱晦的說道：「那有關大乘三宗，我與大師的差別在那裡？這應該是，由於修學的環境不同，引起傳統與反省的差異，當然也由於不同的個性。」〔註180〕但是他們之間的差別所指的具體內容，印順法師沒有明確的闡述。對此，他說過：「我的三系說，與大師的三宗，約義不同，所以不必比較。」〔註181〕但是爲了便於瞭解其差別，更好地把握印順法師的三系說的深刻內涵，我認爲昭慧法師概括的兩點是比較到位的。昭慧法師曾總結後指出：「綜合太虛大師與印順導師師生之間的不同看法，扼要而言有二：第一、空常孰先？到底性空思想與眞常思想在歷史上哪個先出現？第二、空常孰優？到底哪一種思想的佛法純度比較高。導師雖出自太虛大師之門，但是在這方面，卻彼此之間各自表述。」〔註182〕由此可以看到，印順法師的三系說與太虛大師所立三宗的差別在於性空與眞常優劣和先後上。

在性空與眞常優劣上，印順法師和太虛大師的看法是截然不同的。「在大乘三系『性空唯名』、『虛妄唯識』、『眞常唯心』中，印順認爲『性空唯名』一系是佛法的最究竟，因爲這一系的思想最接近『緣起無我』的根本思想；而對於『眞常唯心』的如來藏系思想，印順是多持保留和批評態度的。太虛對大乘三系的判攝中（法界圓覺、法性空慧、法相唯識），則以代表無『法界圓覺』的如來藏一系爲最尊，其他兩系雖與之並列，然而卻非主流地位。印順的觀點來自於他對佛教文獻發展流變歷史的深刻把握，而太虛的觀點則可能與他早年接受的中國傳統佛教的叢林教育有關。」〔註183〕可以看到，印順法師以性空爲「佛法的最究竟」，而太虛大師則是以眞常爲「最尊」。

〔註178〕印順著：《人間佛教論集》，正聞出版社，1992 年，第 16 頁。

〔註179〕印順著：《成佛之道》，正聞出版社，1993 年，第 370 頁。

〔註180〕印順導師著：《永光集》，正聞出版社，2004 年，第 250～251 頁。

〔註181〕印順著：《無諍之辯》，正聞出版社，1995 年，第 135 頁。

〔註182〕昭慧法師：《印公導師思想的眞義〔一〕》，載《弘誓院訊》，2002 年，第 68 期。

〔註183〕李宜靜：《二十世紀思想界對中國傳統佛學的批判與抉擇——以太虛印順爲例》，載《社會科學論壇》，2013 年，第 7 期。

在性空與眞常先後上，是與二者存在優劣相關聯的，由於「有此推崇重點的不同，太虛繼而認爲印順關於『性空唯名』先於『眞常唯心』論的觀點是不正確的。太虛的觀點是馬鳴在先，而後有龍樹的性空宗與無著的法相宗，三系並爲一貫大乘，以此來批評印順『獨尊龍樹』和對如來藏思想的貶抑。」〔註184〕太虛大師的這一觀點遇到重於考證的學者否定。在性空與眞常先後上，太虛大師不僅認爲眞常先於性空，而且認爲眞常是最圓滿的教法，性空只是眞常的分流。「虛大師的三宗論，以爲法界圓覺宗的大乘法，先於性空和唯識的大乘，因認爲此圓常大乘是佛陀的自證法界的圓滿覺悟的教法。唯識與性空，是此圓覺大乘法的分流。這是站在中國佛教傳統觀念的立場而說的，但是這三宗或三系的宗派，無論在印度或中國，各宗都以自宗所說緣起論爲圓滿究竟，而以他宗爲不了義。且引印公的解說，如《成佛之道》第五章說：這三系，有時會使人迷惑，不免有互相乖角的情形。因爲都是以自宗爲了義，以他系爲不了義的。如賢首宗，立宗於第三系，以法相、破相爲權教，以自宗爲實教。瑜伽宗（唯識），立宗於第一系，自稱應理宗；而稱第一系爲惡取空者，第三系爲此方分別論者（中國的佛教）。中觀宗，立宗於第一系，稱無所得大乘，也不免有過份彈破餘系的學者。這都是以自系爲了義的，以他系爲不了義的。各有經典爲證，也各有自稱爲了義的經證，所以是始終不易治解的論諍。……到底什麼是了義不了義？到底誰是了義，誰是不了義？……。如上所引，是關於判教說。」〔註185〕在這裡，引用印順法師的觀點來說明，太虛大師的觀點是對印度或中國古代判教學說的翻版，會造成各種判教之間的相互矛盾。印順法師與眞常論者是不一樣的，他堅持先性空而後眞常，歸結出「總之，眞常論是一貫地批評空的，而一切性空的大乘經，卻沒有指責眞常；眞常經的後於性空經，顯然易見。所以印度的三期佛教，先性空而後眞常，是依大乘經的，又是依思想的盛行說的。」〔註186〕太虛大師以眞常唯心論爲大乘佛教的根本立場，認爲應該是先眞常而性空。印順法師對太虛這種不同於自己的看法作出解釋：「虛大師的批評重心在：我以人間的佛陀——釋迦爲本；以性空唯名、虛妄唯識、眞常唯心——三系，爲大乘佛法的開展

〔註184〕李宜靜：《二十世紀思想界對中國傳統佛學的批判與抉擇——以太虛印順爲例》，載《社會科學論壇》，2013年，第7期。

〔註185〕修嚴：《印順導師在教理教史上的特見》，載《印順導師的思想與學問——印順導師八十壽慶論文集》，正聞出版社，1992年，第111～112頁。

〔註186〕印順著：《佛教史地考論》，正聞出版社，1992年，第277頁。

與分化。而虛大師是大乘別有法源（在《阿含經》以外）的，是中國佛教傳統，以《楞嚴》、《起信》等爲準量，也就是以眞常唯心——法界圓覺爲根本的。虛大師所以主張，《大乘起信論》造於龍樹《中論》等以前，以維持眞常唯心爲大乘根本的立場。」〔註187〕

印順法師和太虛大師在性空與眞常先後、優劣上的不同看法，也引起後人進一步探討和評說。太虛大師之所以認爲眞常先於性空，並且優於性空，是爲了維護他的如來藏思想的地位。我們可以看到，「印順最爲推重的中觀性空之學，在太虛看來，反而是佛教流弊的源頭，那麼佛教的衰落就與『如來藏』學說沒有必然的關係了。」〔註188〕還可以進一步看出，「太虛反駁印順所謂『眞常唯心』系導致了密教盛行、佛法衰敗的說法，認爲密教所承襲的恰恰是『性空』者的思想。這一點，看似對印度佛教史實的分歧，其實則是出於對中國佛教『如來藏』系的維護。」〔註189〕太虛大師爲了在理論上獲得支撐，提出了馬鳴造《大乘起信論》早於龍樹、無著的著作，正是在這一點上，被現有的考證資料所否定。「他（指太虛）認爲如來藏思想不但最爲究竟，而且應該是大乘佛教中最早出現的一脈，早於龍樹而出世的馬鳴，就已有了《大乘起信論》這部如來藏思想的經典論著。可是，包括日本學者如望月信亨等人，以及中國的梁啓超，都已經論證了《楞嚴經》與《大乘起信論》的眞僞，當然也推翻了馬鳴造《大乘起信論》的可能性。從《大乘起信論》的內容來看，有很多部份與《楞伽經》相仿，顯然是在唯識學出現以後，才會被進一步討論的內容。因此若說以《大乘起起論》爲根本論的眞常唯心系，竟會出現在龍樹之前，這在文獻解讀上，是很難被接受的。」〔註190〕這樣，太虛大師的眞常先於性空，並且優於性空的觀點也就難以成立了。

在印順法師和太虛大師之間由於存在性空與眞常先後、優劣上的不同看法，造成他們相互不能接受對方的觀點。一方面，太虛大師不認同印順法師的看法，「對傳統佛教或太虛大師來說，導師的看法讓他們更難以認同，因爲

〔註187〕印順著：《華雨集》，第五冊，南普陀寺慈善事業基金會，2002 年，第 16 頁。
〔註188〕李宜靜：《二十世紀思想界對中國傳統佛學的批判與抉擇——以太虛印順爲例》，載《社會科學論壇》，2013 年，第 7 期。
〔註189〕李宜靜：《二十世紀思想界對中國傳統佛學的批判與抉擇——以太虛印順爲例》，載《社會科學論壇》，2013 年，第 7 期。
〔註190〕昭慧法師：《印公導師思想的眞義（一）》，載《弘誓院訊》，2002 年，第 68 期。

中國傳統佛教以眞常唯心論爲本。太虛大師思想立本於中國傳統佛教，認爲八宗可以共融，也可以與世界各大系佛教作相互間的思想交流，但是中國佛教還是有它的主體性思想，那就是諸學說中最爲究竟圓熟的如來藏思想。」〔註191〕另一方面，印順法師也深感難以超越或取代太虛大師的論述，他曾感慨地說：「大師的思想——法界圓覺宗，有宋以來的千年傳統，要在佛教界取代他還眞不容易呢！」〔註192〕由此，在佛教界就性空與眞常的問題產生兩種不同的觀點，而且具有一定的代表性。「一般來說，有兩種具有代表性的觀點，一是立足中國傳統佛學，充分肯定其價值，認爲它最能夠體現佛法的本質；一是從佛教的源頭印度佛教思想出發，簡擇出『純正』的佛法，以此對中國佛學進行批判。在佛教界內部，20世紀佛教改革最有力的倡導者與推行者太虛，與代表20世紀佛學最高成就、主張以契機契理的眞正佛法服務社會的印順，可以說是這兩種觀點的代表。」〔註193〕在這裡，這兩種代表性觀點的形成是由其不同的出發點和價值取向所決定的。不過，這兩種具有代表性的觀點在各自所處的時代都起到了一定的作用。「太虛以『法界圓覺』思想爲根本，對中國佛學持維護立場，並試圖將之綜合納入適應新時代的佛學體系；印順從『性空唯名』的角度出發對中國佛學持嚴屬的批判態度。二者對中國傳統佛學態度的差異有各自的時代考慮，他們探討的佛教理論與實踐問題至今仍有現實意義。」〔註194〕三系說形成體現了印順佛學思想不斷發展的過程，同時也可看出印順法師在三系的看法上與支那內學院系的差異。印順法師曾回顧在三系說提出之前的想法，他說：「起初，我贊同（支那）內學院的見解，只有法性與法相二宗；經過三一年閱藏：⋯⋯對於大乘佛法，覺得虛大師說得對，應該有法界圓覺一大流。」〔註195〕在這裡，我們可以看到，印順法師實際上否定了支那內學院系的看法。支那內學院系的看法，「這種說法在中國佛教界引來了反彈聲浪。支那內學院系不承認如來藏學，認爲唯識思想最爲究竟，而且認爲龍樹與無著的思想可以一脈相承。但是印順導師認爲，無著系

〔註191〕昭慧法師：《印公導師思想的眞義（一）》，載《弘誓院訊》，2002年，第68期。

〔註192〕印順導師著：《永光集》，正聞出版社，2004年，第257頁。

〔註193〕李宜靜：《二十世紀思想界對中國傳統佛學的批判與抉擇——以太虛印順爲例》，載《社會科學論壇》，2013年，第7期。

〔註194〕李宜靜：《二十世紀思想界對中國傳統佛學的批判與抉擇——以太虛印順爲例》，載《社會科學論壇》，2013年，第7期。

〔註195〕印順導師著：《永光集》，正聞出版社，2004年，第240頁。

統的瑜伽行派還是假必依實的方法論，要在幻化的事物內裏，尋求根源性的真實，在龍樹學的系統裏，反對假必依實，直接指稱一切現象因緣生而如幻有，不需要從這裡尋找一個終極真實：如幻緣生法雖非真實，卻依然會發生作用。兩學派的關鍵性看法有重大差異，因此兩種學派並無一脈相承的關係。」〔註196〕從這裡可以看到，印順法師認為性空與唯識是具有重大差異的，與支那內學院系所謂的性空與唯識可以一脈相承截然不同。如果說太虛大師是以真常思想最為究竟圓熟，那麼支那內學院系就是以唯識思想最為究竟。對於這兩種思想，印順法師都不贊同，他卻以性空為「佛法的最究竟」。關於這一點，從印順法師與閩南佛學院學長默如法師的辯論中可略窺一斑。

在辯論中，印順法師首先表明自己是站在客觀實際的立場來敘述三宗或三系之間的差異，與默如法師以唯識學者的觀點來看待三系之異同根本不同。他說：「我只是忠實而客觀的，敘述大乘三宗的不同。然而默師是以唯識學者的觀點來解說融會，不但融會，而且一再說到：真常唯心論不及性空與唯識，性空不及唯識。所以，我是以三宗的本義來說三宗的差別，默師是以唯識宗義來說三宗。有此一段距離，難免意見上有些不同。我相信，默師如離去唯識宗的立場，意見是會更相近的。」〔註197〕其次，印順法師認為分別三系的區別與佛法的修持是分不開的。印順法師在安立三系時，曾解釋說：「我的意趣是：凡是圓滿的大乘宗派，必有圓滿的安立。一、由於惑業而生死流轉，到底依於什麼而有流轉的可能。二、由於修證而得大菩提，到底依於什麼而有修證的可能。這二者，有著相關性，不能病在這裡，藥在那邊（念佛、持律、習佛，都是大乘所共的行門。著重某一行持，在印度是不成宗派的）。著重這一意義去研求時，發見大乘經論宗派的不同說明，有著所宗所依的核心不同。如把握這一基本法則，核心的根本事實，那對於大乘三宗的理解，便能以簡馭繁，綱舉目張。我於大乘三系的分別，重心在此。」〔註198〕這是說，分別安立三系，如果與佛法修證所依的核心思想相參照，就可迎刃而解。再次，印順法師也表明在三系中性空唯名論是最為究竟的。印順法師坦率地說：「我是以性空唯名論為究竟了義的，但對於三宗的判別，重在把三宗的特殊思想系——要怎樣才能建立生死與涅槃，掘發出來；從大乘三宗的特點上，

〔註196〕昭慧法師：《印公導師思想的真義〔一〕》，載《弘誓院訊》，2002年，第68期。

〔註197〕印順著：《無諍之辯》，正聞出版社，1995年，第138頁。

〔註198〕印順著：《無諍之辯》，正聞出版社，1995年，第126～127頁。

建立三宗的名稱。」〔註199〕與印順法師贊同性空唯名論不同，包括支那內學
院歐陽漸等人則站在虛妄唯識論的角度，否定真常思想。印順法師說他們「否
定真常唯心為佛法正統，我卻肯認為是的。我雖對性空有廣泛的同情，贊同
性空見，然在佛法的流行中，覺得世諦流佈的三大系，對佛法是互有利弊的
（見《空有之間》）。所以我說大乘三系，雖讚揚性空，但只是辨了義與不了
義（不了義，只是不究竟，不是全部要不得的），而且予以貫攝」〔註200〕這也
就是說，印順法師雖然以性空唯名論最為究竟，但是並沒有否定另外二系的
意義，而且要三系「予以貫攝」。印順法師肯定真常唯心思想的存在得到了學
界的充分認可，他「對大乘教義體系有為古人所不及的判教思想。其大乘三
系教判之說，一洗宗派偏見，合乎歷史發展軌跡，且在空有二系之外，揭發
真常唯心思想之存在事實，使後人對印度佛教的浩瀚義海，能洞見根源。」〔註
201〕從真常唯心思想中不僅可以瞭解印度佛教的清晰源流，而且可以認識到印
度佛教走向衰落的本質。因為「印度後期的佛教，大抵皆是此第三系的真常
唯心大乘的天下，餘勢及於佛元一千餘年後的密乘時代。這一系的唯心大乘，
盛弘於後期——佛元十一世紀以後，受到印度教的梵我的思想，薰染極深，
以至使佛教的面目大變，也因此而使印度佛教走上衰亡之路！」〔註202〕

　　印順法師對三系說中的不同思想，他極力讚歎性空唯名論。印順法師曾
得出這樣的結論：「探索三大思想系的教典，性空論到底是正確而深刻的。」
〔註203〕他的論證依據是「我是從經論發展的探求中，認為初期的大乘經（龍
樹）論——性空唯名系，是會通《阿含》而闡揚菩薩道的，更契合釋尊的本
懷。」〔註204〕印順法師讚歎性空唯名論在對印順佛學思想研究中得到了一致
的認同。從印度佛教史來看，「就佛法的根源於釋尊的正覺緣起而成佛，依據
釋尊根本聖教的緣起論所開展的不同宗義，印公的研究與抉擇，認為在大乘
三系中，以佛元七世紀頃，龍樹菩薩為代表的所弘性空大乘，最為契合釋尊
本教的緣起義，乃為緣起教法的正常開展，最能如實開顯緣起的深義，最得

〔註199〕印順著：《無諍之辯》，正聞出版社，1995年，第137頁。

〔註200〕印順著：《華雨集》第五冊，南普陀寺慈善事業基金會，2002年，第273～274
　　　　頁。

〔註201〕藍吉富編輯：《印順導師的思想與學問——印順導師八十壽慶論文集》藍吉富
　　　　《倡印緣起》，正聞出版社印行，1992年。

〔註202〕印順著：《印度之佛教》，正聞出版社，2004年，第15頁。

〔註203〕印順著：《華雨集》第四冊，南普陀寺慈善事業基金會，2002年，第95頁。

〔註204〕印順導師著：《永光集》，正聞出版社，2004年，第256～257頁。

中實與中正的，契應中道實相的緣起觀。」〔註205〕在這裡，可以看到，印順法師認爲性空是契合緣起教義的。從性空與眞常來說，有這樣的結論：「以上是印順對印度佛教發展流變的整體判攝和抉擇，可以看出他最爲推重的是初期大乘的性空唯名論，而對於後期大乘，特別是『眞常唯心』一系則持謹愼、保留的態度，這在他的多種著作中都有明顯體現。」〔註206〕從三系之間的關係看，「『方便』說有三系，究極『同歸一致』──一切法『空性』。印公還特地叮囑人們：不要『執著』唯識，眞常的『方便』之說，而『忘記』了『畢竟空』這一『眞實』。可以看出：印公的三系一致思想，是要『會三歸一』到龍樹所倡導的『一切法空』這一中觀的思想體系裏。」〔註207〕在這裡，著重強調了印順法師性空思想的意義。

印順法師的分期說分爲三種：三期說、四期說和五期說。我們已經知道，印順法師的三期說、四期說和五期說之間都是可以互通無礙的，因此分期說與三系說的關係實際上包含三種分期說與三系說的關係。

三系說與三期說基本上是相對應的。印順法師認爲，三系說是「不同的深刻發揮，不免有側重某一法印的傾向，這使佛教分流出三個不同體系。這三個體系，雖然徹始徹終都存在，但特別在印度三期佛教中成爲次第代起的三期思潮的主流。就是說，適應思想發展的程序，從三藏教──小乘的無常中心時代，演進到共大乘教──大乘的性空中心時代，再演進到不共大乘──一乘的眞常中心時代。」〔註208〕雖然在每一期中可能同時存在著多種不同思想，但是這三大思想系，代表了不同時期的主流思想，在印度佛教演變發展中也能得到明顯的說明。他接著指出印度佛教的「這三種悟解（即無常論、性空論、眞常論），也始終存在，但從時代主流上著眼，可以把它作爲三期佛教的標幟。」〔註209〕由於印順法師的三期說、四期說和五期說之間可以互通，也就會形成三系說與三種分期的對應關係。印順法師的三系說與三期說、四期說、五期說的關係可以用下圖表示：

〔註205〕修嚴：《印順導師在教理教史上的特見》，載《印順導師的思想與學問──印順導師八十壽慶論文集》，正聞出版社，1992 年，第 114 頁。

〔註206〕李宜靜：《二十世紀思想界對中國傳統佛學的批判與抉擇──以太虛印順爲例》，載《社會科學論壇》，2013 年，第 7 期。

〔註207〕郭朋著：《印順佛學思想研究》，中國社會科學出版社，1991 年，第 278 頁。

〔註208〕印順著：《華雨集》第四冊，南普陀寺慈善事業基金會，2002 年，第 77 頁。

〔註209〕印順著：《華雨集》第四冊，南普陀寺慈善事業基金會，2002 年，第 90 頁。

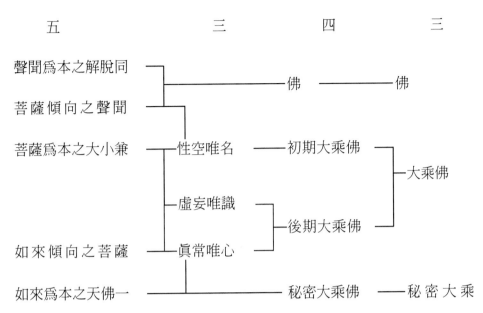

由此我們可以得出，分期說與三系說是可以相對應的。在這種對應關係中，印順法師抉擇出中期的性空思想是佛法的精髓。印順法師從佛教的修行實踐的角度，認為「依多數大乘經的三時教，把五期佛教總束為無常實有的聲聞行，性空幻有的菩薩行，真常妙有的如來行三期。這三個時代思潮的代興，是前一思潮發揚到極高的時候，後一思潮已潛在的形成；前一思潮將衰落，後者就立刻用新的姿態飛快的發展起來，形成新的時代。三時中，性空幻有的菩薩行，是根本結集聖典的正常開顯；真常妙有的如來行，卻因為適應而多少有點離宗。這是可以諍論的，再為一談。」〔註210〕在三時教中，印順法師著重強調的是性空幻有的菩薩行，認為這是「根本結集聖典的正常開顯」。這與我們在後面要談到的印順中觀思想是相吻合的。

在契時契機上來說，分期說和三系說表示了三大不同思想體系的開展，也表達了三法印不同側重面的傾向。對此，印順法師從經典和歷史方面作了闡述，他說：「三期佛教與三大思想系的開展，不出緣起三法印的解說；因時眾的需要，或觀點的偏重，成為不同的體系。從說教的立場說，眾生根機無量，絕不能用機械劃一的方法去攝受，所以經上說：如來不得作一定說；雖有五部，不妨如來法界。但從時代風尚這一點說，就不妨側重某一系，更為時眾需要的法門。釋尊出世時，印度沉浸在苦行的空氣中，初期佛教的謹嚴、

〔註210〕印順著：《以佛法研究佛法》，正聞出版社，1992年，第189頁。

頭陀行、無常厭離的思想，自然是當機的。印度教復興以後，後期佛教適應吠檀多哲學的梵我論、真常、唯心、因樂得樂，自然會風行一時。因根性的眾多，所以不必偏廢；但時代思潮的適應，絕不容漠視。如果從受法者的立場說：各各自依見，戲論起諍競，知此為知實，不知為謗法；那種自是非他的見解，是愚者的妄執。在善於修學的人，像龍樹說：智者得般若波羅蜜故，入三種法門無所礙，在這個見解中，看你會不會學，此外就無話可說。」〔註211〕從此可以看出，分期說和三系說的出現都是適時當機而產生的，與此同時，和諸行無常、諸法無我、涅槃寂靜等三法印也是相匹配的。

　　分期說與三系說已成為印順法師判教思想的重要內容。這些內容充分展示了印順法師判教思想不同於古代判教的創新精神。因為「中國佛教下迄宋元明清，雖說延續篤行，而思想上，始終不出隋唐判教之外，因循無生氣，缺乏新觀念的突破。導師《妙雲集》及其晚年諸多巨著，其哲理上的思想領域，其成就可說充分突破了中國傳統的判教範疇，為中國佛教開拓新境界，謀中國佛教之新生，為未來新中國文化思想注入其新血。」〔註212〕從這裡，可以看到，印順法師判教思想突破了中國傳統的判教範疇，其創新之處，具體來說，主要表現在：一是從歷史觀點出發。印順法師說過：「探求印度佛教史實，而作五期、四期、三期，及大乘佛法三系的分判，與我國古德的教判相通，但抉擇取捨不同，因為我是從歷史觀點而論判的。」〔註213〕肯定了自己的判教是從歷史觀點出發的，與古代學者的判教不同。這一點也體現了印順法師的佛教史觀。「印順對全部印度佛教的處理，既有與古德的判教思想相通之處，又有與古德抉擇取捨不同（《契理契機的人間佛教》）。這個不同，乃是因為印順導師的判教視域是整個一千六百年的印度佛教史的，是用動態的、發展的眼光，從歷史的大背景下對印度佛教的演化加以判攝的，即是從歷史觀點來分判印度佛教嬗變的歷程（同上）。這就是說，印順導師的判教理論，體現了導師的佛教史觀。而導師佛教史觀的獨特之處，就在於導師能突破傳統判教之領域，超越於一家一宗的樊籬，全方位地對全體佛教予以整體的把握與判攝。」〔註214〕這也是印順法師判教創新最突出的地方。二是無宗

〔註211〕印順著：《華雨集》第四冊，南普陀寺慈善事業基金會印，2002 年，第 99 頁。
〔註212〕宏印：《〈妙雲集〉宗旨窺探》，載《印順導師的思想與學問——印順導師八十壽慶論文集》，正聞出版社，1992 年，第 63 頁。
〔註213〕印順著：《華雨集》第四冊，南普陀寺慈善事業基金會，2002 年，第 17 頁。
〔註214〕羅顥：《印順導師判教理論述要》，載《弘誓院訊》，2002 年，第 68 期。

派意識。古代傳統的判教都有宗派意識，各自站在自宗的立場來進行判教。「傳統的判教方法，乃是將全部佛法匯入佛陀一代時教下予以系統組織，而視一切佛經皆爲佛陀住世時針對不同的根器，相應地隨機施設所有。至於那些先賢宗師對佛法經教的判攝，又大多帶有自宗的立場，對全體佛法分別出大小深淺的不同。」〔註215〕在這一點上，太虛大師雖然反對站在自宗的立場判教的宗派意識，但是他站在調和各宗的立場，認爲各宗的判教是平等的。太虛大師認爲「這樣來判攝一切佛法與古德的判教，完全不同了，比方天台判釋迦如來二代時教，則有藏通別圓等差別，判自己所宗的爲最圓教理。我則認爲諸宗的根本原理及究竟的極果，都是平等無有高下的，只是行上所施設的不同罷了。八宗既是平等，亦各有其殊勝點，不能偏廢，更不能說此優彼劣，彼高此下。」〔註216〕這種看法，依然是一種帶有宗派的意識。三是否定了以佛說的先後爲標準。「對於歷史上的那些判教理論，印順導師雖有充分的同情與理解，肯定古德的判教思想都有其義理上的價值，如印順認爲天台、賢首的判教理論，大體上與印度佛教演進的歷史相合，與印度佛教思想史的發展，倒是相當接近的（《契理契機的人間佛教》），並說他自己的分判，與我國古德的判教相通（同上）。但導師又指出，古德那種以一切經爲佛說，依佛說的先後而判……那是不符合實況（同上）的，與歷史的事實不能對應，也是不易爲現代人所理解和接受的。」〔註217〕印順法師在肯定古代學者判教上的義理價值時，否定了其以佛說的先後爲標準的判教思想，這一點不僅與實際情況不相符合，而且與其佛教史觀也是相背離的。

　　印順法師的分期說與三系說的判教思想，具有超越宗派民族情感的判教特點。這一特點，突出表現在兩個方面：一是以緣起中道的空義爲標準。印順法師說過他不是宗派徒裔，不受宗派意識的限制，他所探索的是佛教的本義。「正因爲導師能從根源上把握空的本義，所以導師在判攝歷史上所形成的各種類型的佛教時，能理性地判攝之，綜合地條貫之，如實地評判之，既不呵斥聲聞，又不偏贊大乘（《中觀今論·自序》）。對於自以爲勝他一層的中國佛教學派，也能明確地指出它們所存在的宗派的偏見，不能正確把握緣起中道的空義（同上），不能平等對待一切的佛教。」〔註218〕從這裡，可以看到，

〔註215〕羅顥：《印順導師判教理論述要》，載《弘誓院訊》，2002年，第68期。
〔註216〕太虛著：《太虛集》，中國社會科學出版社，1995年，第37頁。
〔註217〕羅顥：《印順導師判教理論述要》，載《弘誓院訊》，2002年，第68期。
〔註218〕羅顥：《印順導師判教理論述要》，載《弘誓院訊》，2002年，第68期。

印順法師是依據佛教的空本義而進行判教的，與古代學者判教的宗派偏見是
絕對不同的。二是教理與教史有機結合。「導師對佛教的分判，始終尊重歷史
的事實，既有史實的考訂，又處處應顧到佛法的特質，做到教理與教史的有
機結合，條貫融通，勾微抉隱，從現實世間，去理解，去探索佛法的本源與
流變。」〔註219〕這裡指出，判教只有做到教理與教史的有機結合，才能探索
清楚佛法的本源與流變。不僅如此，做到教理與教史的有機結合，還可以真
正認識到佛教所經歷的經驗和教訓，從而有助於發揚純正的佛教，抉擇出人
間佛教的正義。「（印順）在對傳統判教理論綜合取捨的基礎上，結合教理與
教史，從契理與契機兩個角度考察佛教之本質及在世間的流變，通過認識過
去的真情況，記取過去的興衰教訓，並進而發揚純正的佛教，抉擇出人間佛
教的正義。」〔註220〕

　　印順法師的分期說與三系說的判教思想，受到學術界的高度重視。學術
界經過對印順法師判教思想的研究，充分肯定其價值和意義。一是把握整體。
「從印順導師的判教方法和內容中可以看出，印順對全部佛法的分判，不但
體大思精，宏博深切，同時，還可明顯地看出導師與以往佛教學者不同的致
思理路，反映了導師對佛教獨特的體認與整體的把握。」〔註221〕對佛教整體
的把握，是印順法師判教思想不同於以往佛教學者特殊思路。二是揭示本質。
「很顯然，相比歷史上各種判教學說，印順導師的判教理論更有它的歷史價
值和時代意義，更能揭示佛教的精神及其流變的真相，更能使人認識佛教的
真實，彰顯全體的、本質的佛教。那麼，佛教的本質是什麼，佛法的正道在
哪裡，佛教又應該在怎樣的新的方便適應下發揚開展呢？這三個問題乃似三
而一，都是與佛教的本質相關聯的，它是印順導師考察佛教歷史的目的所在，
是導師判教理論的核心所在，精神所在。」〔註222〕對佛教本質的揭示，也是
印順法師目的和核心所在。印順法師通過對佛教本質的揭示，形成了自己的
佛教理念。郭朋在《佛教思想史上的一位時代偉人》一文中指出：「總之，儘
管有三系（三論）、五期，甚至其他判教的不同，但是，印順導師有一不變的
理念是：後期大乘佛教，特別是真常唯心論和如來為本之天佛一如（秘密大
乘佛法），乃是受到印度婆羅門教深重影響的佛教；因此也是婆羅門教化、（梵

〔註219〕羅顥：《印順導師判教理論述要》，載《弘誓院訊》，2002年，第68期。
〔註220〕羅顥：《印順導師判教理論述要》，載《弘誓院訊》，2002年，第68期。
〔註221〕羅顥：《印順導師判教理論述要》，載《弘誓院訊》，2002年，第68期。
〔註222〕羅顥：《印順導師判教理論述要》，載《弘誓院訊》，2002年，第68期。

化、天化、種化）的佛教。而在印順導師的眼裏，佛教的衰亡，正是由於這一婆羅門教化的結果，因爲任何一種學術思想（其中也包括宗教——佛教在內），都是時代的產物，因此，只有從『現實世間的一定時空中』，去探討它的『本源與流變』，方才能夠把握它的特質，洞察它的全貌。」這裡說明，印度佛教越是後期越是走向婆羅門教的梵化、天化、種化的衰亡之路上去。由此，也可以推斷，中國佛教由於受到後期佛教（眞常唯心論）的深重影響，因此也是一個天神化的宗教，充滿了後期佛教迷信、衰敗的老態。對此，我們應引起高度關注。三是見解獨到。印順法師通過「其於印度佛學之釐清與判攝，於中國禪宗史之疏解，見解獨到，迴異流俗。自唐末以來，鮮有堪與比屬者。」〔註223〕這充分肯定印順法師判教思想的價值和地位。

二、評論與影響

　　上面我們已詳細談了印順法師的分期與判教的具體內容。如果要進一步暸解印順法師抉擇中觀思想的成就，那麼就必須知道他對所抉擇的純正佛法的看法。

　　印順法師的分期與判教目的在於張顯出純正的佛法。抉擇純正的佛法是印順法師的終身追求的目標，他曾發誓：「願生生世世在這苦難的人間，爲人間的正覺之音而獻身！」〔註224〕因此，他放棄了一切，全身心集中於佛法上。他說：「我的心，已屬於甚深的佛法，時時想到復興佛法，利濟人群。」〔註225〕爲了把握純正的佛法，求得佛法的眞實意趣，他在佛法的探究上，下力甚大。性澄在《平凡的一生》出版後記中說：「導師（指印順）一生平實淡泊，在從聞思而來的法喜充滿中，精進不已的在佛法中奉獻，在佛法中求進修，希望對佛法思想界起一點澄清作用。傾注全部的生命力，畢生堅持不離佛法的立場，不論自修寫作，或建寺弘化，無非爲了引導普遍的佛子，趨向純正的佛法。」〔註226〕可見，他所做的一切，都是爲了把握純正的佛法，這充分表現出他作爲一名佛教徒從事佛學研究的崇高精神。

　　印順法師的分期與判教是從時間與空間二個維度抉擇純正佛法的途徑。

〔註223〕藍吉富編輯：《印順導師的思想與學問——印順導師八十壽慶論文集》印順導師簡歷，正聞出版社，1992 年。
〔註224〕印順導師著：《人間佛教論集》，正聞出版社，2002 年，第 70 頁。
〔註225〕印順導師著：《平凡的一生》，正聞出版社，2005 年，第 221 頁。
〔註226〕印順導師著：《平凡的一生》，正聞出版社，2005 年。

印順法師認為，佛法的眞義，是離不開一定的具體時空，並且會在一定的時空中發生演化。因此他說：「我心中的時間感流動起來了、空間感轉動開來了，縱向橫向交錯成經緯座標，思想開始有了強烈的傾向：從現實世間的一定時空中，去理解佛法的本源與流變，漸成爲我探求佛法的方針。覺得惟有這樣，才能使佛法與中國現實佛教界間的距離，正確的明白出來。」〔註227〕他還認爲，只有把握這一探求佛法的方針，才有可能抉擇純正的佛法。否則，還可能會走上歧途。「我們要把握這一點，要從神化的形式中，把大乘眞義洗煉出來。不然，學佛不成反成鬼神，這就太難說了！」〔註228〕他確定了探求佛法的方針，對自己探究的目的和宗旨也就更爲明確了。因此他說：「我對佛教史的探究，不是一般的學問（爲研究而研究），而是探其宗本，明其流變，抉擇而洗煉之……。」〔註229〕同時更爲明確地認爲：「我是爲佛法而學，爲佛法適應於現代而學的，所以在佛法的發展中，探索其發展的脈絡，而瞭解不同時代佛法的多姿多態，而作更純正的，更適應於現代的抉擇。」〔註230〕爲了達到把握純正的佛法，作出更純正、更適應於現代的抉擇，印順法師進行更深入縝密地思考，提出了一系列的問題，他曾自己追問道：「不過對佛法方面，還是爲了眞理的追求，追求佛法的根本原理究竟是什麼樣？佛法如何慢慢發展？在印度有什麼演變？到中國來又爲什麼發展成現在的現象？我是基於這個意義來研究。」〔註231〕爲了解決這些提出的問題，印順法師從多種不同的角度作出研考。一是要遵循三法印。他說：「依緣起三法印去研究佛法，也就是依一實相印——法空性去研究。我以爲這才是以佛法來研究佛法，這才能把握合於佛法的佛法。」〔註232〕並重申他早年提出的思想定位，必須「立本於根本佛教之淳樸，宏傳中期佛教之行解（梵化之機應愼），攝取後期佛教之確當者，庶足以復興佛教而暢佛之本懷也歟！」與此同時，他又提出要注意兩種偏離三法印的傾向：「愈古愈眞者，忽略了眞義的在後期中的更爲發揚光大。愈後愈圓滿者，又漠視了畸形發展與病態的演進。我們要依據佛法的諸行無常法則，從佛法演化的見地中，去發現佛法眞義的健

〔註227〕潘煊著：《法影一世紀——印順導師百歲》，天下遠見出版股份有限公司，2005年，第204頁。

〔註228〕印順著：《青年的佛教》，正聞出版社，1992年，第69頁。

〔註229〕印順導師著：《永光集》，正聞出版社，2004年，第253頁。

〔註230〕印順導師著：《人間佛教論集》，正聞出版社，2002年，第32頁。

〔註231〕印順著：《華雨集》第五冊，南普陀寺慈善事業基金會，2002年，第63頁。

〔註232〕印順著：《以佛法研究佛法》，正聞出版社，1992年，第13頁。

全發展與正常的適應。」〔註233〕必須遵循三法印，作出符合純正佛法的抉擇。二是要採用考證方法。這是印順法師探究純正佛法的一個重要方法。他說：「我重於考證，是想通過時地人的演化去理解佛法，抉示純正的佛法，而丟下不適於現代的古老方便，不是一般的考據學者。」〔註234〕同時又申明他與一般的考據學者是絕然不同的。他認為採用考證方法，要對現存的有關資料研究中掌握其演變的實質內容，並從中理解和抉擇純正的佛法。他說：「現存的一切佛教，一切聖典，都染有部派的色彩。現代的佛教者，應該兼收並蓄。從比較的研考中，瞭解他的共通性與差別性。從發展演變的過程中，理解教義的進展，停滯或低落，這才能更完整更精確的理解佛意，才更能適應這無常流變的世間。」〔註235〕這是說，要在考證方法的基礎上，還要作進一步的比較研究，才能有助於抉擇純正的佛法。三要堅持客觀的立場。要抉擇純正的佛法，不能「輕率的誹謗大乘為非法，也不能傲慢的輕視聲聞佛教為焦芽敗種。惟有在互相信諒的友誼下，客觀的善意的去研求修學，才能從相互瞭解，做到彼此溝通。才能抉取佛教的精髓，淘汰塵垢粃糠，而發展為適應時代的，攝導現代的，覺世救人的佛教。」〔註236〕

闡揚純正的佛法，印順法師充滿著熱情。對於學生，他希望「能永遠的引導學生，趨向於（這種）純正的佛法！」並盼望學生今後「無論內修、外弘，為的就是希望抉發（這種）純正的佛法，並以（這種）純正的佛法在混濁惡世中作大清流，淨化人心。」〔註237〕對於佛教界，他寄予的厚望是「要把深刻而正確的佛教，積極的發揚起來，讓它在這病態進化的世界，完成社會救濟與身心解放的兩般任務。」〔註238〕其實，印順法師闡揚純正的佛法初衷是「面對衰落不堪的中國佛教，只是從經論中提出些純正而又（認為）契合現代時機的佛法，介紹給佛教界。」〔註239〕不過，依照其內在的邏輯關係進行推理和演化，必然會把這種純正的佛法引申和推展到大乘的菩薩道弘揚和人間佛教建構。至於如何由純正的佛法引申和推展到大乘的菩薩道弘揚和

〔註233〕印順著：《以佛法研究佛法》，正聞出版社，1992年，第7～8頁。
〔註234〕印順著：《華雨集》第五冊，南普陀寺慈善事業基金會印，2002年，第50頁。
〔註235〕印順著：《華雨香雲》，正聞出版社，1994年，第217頁。
〔註236〕印順著：《以佛法研究佛法》，正聞出版社，1994年，第261頁。
〔註237〕《印順法師略傳》光盤。
〔註238〕印順著：《華雨香雲》，正聞出版社，1994年，第247頁。
〔註239〕印順導師著：《永光集》，正聞出版社，2004年，第223頁。

人間佛教建構，後面將有專門的論述。

　　從上面的論述可以知道，印順法師抉擇的純正佛法具體內容實際上就是他的中觀思想。他的中觀思想曾深受僧俗兩界的高度讚歎。在僧界，一種是直接讚歎，認為：「中國佛教近幾百年來，導師（指印順法師）是對緣起性空思想真正透徹的第一人，他在佛教學術上的貢獻，深獲國際學者的肯定與讚揚。」〔註240〕另一種是間接讚揚，說：「印順法師對於中觀思想有極透徹的研究，有很多人讚歎他是中國佛教近千年來，難得一見的中觀學大師。」〔註241〕在俗界，其實是反映學術界的觀點，評價可以說已達到最高級別。具體來說，表現在兩個方面：一方面是從佛教中觀學義理上來說，「但就中國近五百年來的研究情形而論，能如當今印順導師這樣全面而有條理地對阿含、般若、中觀的空義加以綜貫闡揚的，似乎尚無第二人。」〔註242〕甚至還認為：「（印順法師）對中觀學（空義）的闡釋與推演，為民國佛學界之一絕。」〔註243〕另一方面從中觀學的發展史來看，「佛教史學家藍吉富，從歷史意義上縱觀導師的學術成就，他提出其中一點：我國的中觀學發展到唐代，由嘉祥吉藏集其大成。但是吉藏之後，則後繼無人。千餘年之後，才由印公再興斯學。」〔註244〕從此可以說，印順法師是中觀學中興的一代高僧。

　　對印順法師中觀思想的評論集中體現在他的相關著作及僧俗見地。他的相關著作主要是指《中觀論頌講記》、《中觀今論》、《性空學探源》等書。在「他的《中觀論頌講記》、《中觀今論》、《性空學探源》等書，不只對龍樹的中觀思想有精闢的抉發，而且對中觀的思想淵源也有超邁前人的透識，他以為中觀思想是《阿含經》思想的通論，並且以為《阿含》、《中觀》思想是一系相承的佛法核心。」〔註245〕從這裡可以看到，印順法師在這些相關著作中

〔註240〕傳道法師主講：《印順導師與人間佛教》，中華佛教百科文獻基金會，2001年，第12頁。

〔註241〕李元松著：《我有明珠一顆》，中國友誼出版公司，1995年，第11頁。

〔註242〕游祥洲：《從印順導師對空義的闡揚談起——寫於印順導師八秩華誕》，載《印順導師的思想與學問——印順導師八十壽慶論文集》，正聞出版社，1992年，第29頁。

〔註243〕藍吉富編輯：《印順導師的思想與學問——印順導師八十壽慶論文集》倡印緣起，正聞出版社，1992年。

〔註244〕潘煊著：《法影一世紀——印順導師百歲》，天下遠見出版股份有限公司，2005年，第226頁。

〔註245〕潘煊著：《法影一世紀——印順導師百歲》，天下遠見出版股份有限公司，2005年，第226頁。

都提出了中觀學的創新觀點。在此，我們著重闡述一下《中觀今論》。《中觀今論》意義重大，被形容爲「在雪竇山的瀑聲中，《中觀今論》發出了回響自原始佛教時代的空谷之音。」〔註246〕具體來說，主要有這麼三點：一是闡發佛理到位。「然而《今論》仍是由佛法的基本空性上來討論，強調兩者同一根源──緣起而性空。依此立場來發揮，說煩惱變菩提也好；說煩惱不異菩提也好；說煩惱即是菩提也好，無不頭頭是道，是善巧中的善巧，圓融中的圓融。」〔註247〕這樣就使抽象的佛理得以圓融解釋。不僅如此，這本著作選擇闡述佛理的論據也很恰當，「《今論》的論據是近代邏輯以及原始佛理──阿含經等，一般說來，法寶的出現，距佛世愈遠，愈易混入後人的思想，也就愈易引起爭論，阿含爲公認之佛法原始典籍，其思想與佛的思想最接近當不爲人所生疑，導師選此爲引證，是再恰當沒有的了。」〔註248〕這無疑會增強其說服力。二是融通現實實際。可以說，「《今論》的理論與實際生活及一般常識相呼應，沒有玄妙，沒有隔閡，使非佛教徒也必贊同其理，附和其說，這又是《今論》的一大特點。」〔註249〕這種融通現實實際的做法，爲中觀學的弘揚大開方便之門。「《今論》以緣起說明事實現象，再據實際現象建立緣起的普遍原則，進而由緣起推出一切無自性，這緣起無自性貫徹世出世間的一切，於是乎《今論》竟成了佛法與世法的唯一橋梁，也就打破了千百年來人們對佛法的誤解，以爲佛法是出世的而不入世，以爲佛法是消極的而不積極。《今論》不但掃除了近代人學佛的障礙，又簡明地推論出世不異入世、煩惱即是菩提的深理。進而應用佛理、實踐佛理，將來同證佛果，這一遠景，都是《今論》的著者與記述者的無上功德！」〔註250〕這同時也爲中觀學的前景展示出美好的未來。三是化解疑難問題。我們知道，中觀學的義理複雜艱深難懂，「然而《今論》善巧地先闡明佛法的核心──緣起性，再據此而演繹

〔註246〕潘煊著：《法影一世紀──印順導師百歲》，天下遠見出版股份有限公司，2005年，第226頁。

〔註247〕許巍文：《〈中觀今論〉讀後贊》，載《印順導師的思想與學問──印順導師八十壽慶論文集》，正聞出版社，1992年，第305頁。

〔註248〕許巍文：《〈中觀今論〉讀後贊》，載《印順導師的思想與學問──印順導師八十壽慶論文集》，正聞出版社，1992年，第309頁。

〔註249〕許巍文：《〈中觀今論〉讀後贊》，載《印順導師的思想與學問──印順導師八十壽慶論文集》，正聞出版社，1992年，第309頁。

〔註250〕許巍文：《〈中觀今論〉讀後贊》，載《印順導師的思想與學問──印順導師八十壽慶論文集》，正聞出版社，1992年，第309頁。

推論這些難纏的問題，結果令人感覺得直接、感覺得有力而自然。」〔註251〕
這種化解疑難問題的解釋甚而被認爲是一個發現，「印順導師在《中觀今論》
一書中透過中論所引證的佛說都出於阿含經、從中論的內容去看，也明白中
論是以阿含經的教義爲對象、從中論開首的歸敬頌來說，緣起就是八不中道
等三方面，客觀地引經據典，證成中論確爲阿含之通論。這是何等犀利而令
人振奮的發現！這個發現不但說明了阿含之空與般若之空、中觀之空的脈絡
一貫性；也使我們對於中論的內涵，有了更爲清晰的認識。」〔註252〕這眞可
以說是一個奇蹟。這本著作化解疑難問題的功能還可以達到由此及彼的作
用。「《今論》內容，直探佛法的核心。此書萃取了大藏的精華，深入淺出，
闡明了佛理的核心。因此先讀通了此書，再去研讀大藏經或其他的佛書，就
不再有何困難矣。」〔註253〕這可以說是一舉多得啊！正是由於《中觀今論》
具有如此重要的作用，因而日本大正大學退休教授牛場眞玄先生，對印順法
師著作極爲推重，並爲《中觀今論》等書，作過全書或單章等許多翻譯，向
日本佛教學界介紹和推薦。另外，在化解疑難問題上，《性空學探源》也是值
得一提的。「印順導師在《性空學探源》一書中詳盡地引述《阿含經》（特別
是《雜阿含經》）來闡明《阿含經》所顯揚的空義。就空義的闡揚而言，將性
空學的源流上溯於《阿含》，不但是啓發我們對於《阿含經》的內含有更進一
步的認識，尤其是對於大小乘思想的爭論，提示了一個清徹見底的解決之道。」
〔註254〕這本著作可以說是從另一個側面反映印順法師對中觀思想的貢獻。

僧俗見地是指僧俗兩界對印順法師中觀思想的看法。根據這些不同看
法，可以看到印順法師在中觀思想所作出的巨大貢獻。在僧界，對印順法師
中觀思想的看法有四點：一是見解獨特。「民國八十六年，由星雲大師編著的
《教史》一書中寫道：目前臺灣佛教界，三論宗的學者，以印順導師最負盛

〔註251〕許巍文：《〈中觀今論〉讀後贊》，載《印順導師的思想與學問——印順導師八
　　　　　十壽慶論文集》，正聞出版社，1992 年，第 302 頁。
〔註252〕游祥洲：《從印順導師對空義的闡揚談起——寫於印順導師八秩華誕》，載《印
　　　　　順導師的思想與學問——印順導師八十壽慶論文集》，正聞出版社，1992 年，
　　　　　第 41 頁。
〔註253〕許巍文：《〈中觀今論〉讀後贊》，載《印順導師的思想與學問——印順導師八
　　　　　十壽慶論文集》，正聞出版社，1992 年，第 301 頁。
〔註254〕游祥洲：《從印順導師對空義的闡揚談起——寫於印順導師八秩華誕》，載《印
　　　　　順導師的思想與學問——印順導師八十壽慶論文集》，正聞出版社，1992 年，
　　　　　第 30 頁。

名，他對中觀緣起性空思想有獨特的見解。」〔註255〕星雲大師是當代佛教界有名高僧，其評價具有一定的權威性。二是講解精細。「多年後，仁俊法師談及導師大乘空宗的著作，認為，中國講空者從來不會這樣精細而獨到。」〔註256〕仁俊法師對印順法師中觀思想很有研究，其觀點應有重要的代表性。三是引領後學。因為涉及的人數較多，這裡我們主要列舉三個較典型的事例。第一位是「法源寺的住持寬謙法師，因印順導師《學佛三要》的引領，直上尋法之途。自此發願以印順導師為法身慧命的依止，生生世世行菩薩道，每遇挫折，總能於導師著作中找到支撐的力量。」〔註257〕第二位是傳道法師，他談到自學中觀知識時，「想起在臨濟寺的中國佛教研究院時，第一次接觸到印公的思想——《性空學探源》、《中觀今論》、《般若經講記》等，不看便罷，一看如同被電觸著了似的，完全與我所知所學不同；後來深入去尋求其中差異，根據印老提供的線索追尋，如理思惟，才恍然大悟，印老的思想理路是對的啦！」〔註258〕第三位是李元松，他是臺灣現代禪的創始人，他的弟子溫金柯認為：「在佛教說法方式的抉擇上，印順法師表示自己對空宗的根本大義，確有廣泛的同情？李老師在此點受印順法師的影響尤深——中觀見為修禪的基礎，這一看法在現代禪的著作中，俯拾可得。」〔註259〕這種引領後學樹立正知正見的效果，應為修學者親身感受而得出的結論。四是調合爭端。「他（指印順法師）發揚阿含經的深義並深探龍樹的中觀學，來調合佛教史上大、小乘的爭端。這個爭端的內容是：小乘佛教質疑大乘佛教『非佛所說』，大乘佛教則認為小乘佛教是不了義、是自了漢的佛教。印順法師認為，這個爭論，可以從原始佛教的阿含經獲得解決，因為阿含經是大乘佛教與小乘佛教的共同根源。這與歷代祖師將阿含經歸納為小乘教典是不同的。」〔註260〕這是李元松對印順法師中觀思想的評價，其看法應該說是比較中肯的。李元松甚至

〔註255〕潘煊著：《法影一世紀——印順導師百歲》，天下遠見出版股份有限公司，2005年，第197頁。

〔註256〕潘煊著：《法影一世紀——印順導師百歲》，天下遠見出版股份有限公司，2005年，第226頁。

〔註257〕潘煊著：《法影一世紀——印順導師百歲》，天下遠見出版股份有限公司，2005年，第270頁。

〔註258〕傳道法師主講：《印順導師與人間佛教》，中華佛教百科文獻基金會，2001年，第136～137頁。

〔註259〕溫金柯著：《繼承與批判印順法師人間佛教思想》，現代禪出版社，2001年，第34頁。

〔註260〕李元松著：《我有明珠一顆》，中國友誼出版公司，1995年，第11～12頁。

還更加明確地指出：「龍樹菩薩的中觀學自唐朝以後，逐漸沒落，經印順法師的闡揚，在臺灣及海外華人地區隱然有復興的氣運，這實在是印順法師對中觀學的偉大貢獻。」〔註261〕這就對印順法師中觀思想的貢獻給予充分肯定。

在俗界，主要是指學術界對印順法師中觀思想的觀點。這些觀點概括起來，也有三點：一是認識透闢。「事實上，從嘉祥吉藏以來，國人中很少人能像導師這樣對緣起性空大義有如此透闢的認識。」〔註262〕認識透闢這一點與僧界的第一點看法基本相同。二是發現真義。「同時，印公也還發現，在現存的《阿含經》裏，沒有說到『緣起性空』──『性空緣起』，也沒有說到『以有空義故，一切法得成』。）凡此種種，如非『尋流探源』，又如何能夠發現、如何能夠揭示出來？！」〔註263〕這是說印順法師在《阿含經》裏發現中觀思想的真義。三是詮釋經典。這是指印順法師以中觀思想詮釋《阿含經》。「印順法師通過中觀學對《阿含經》的新詮釋，指出了聲聞乘與大乘菩薩行的理論基礎的同異，爲佛法的一貫性找到了解釋，也爲以《阿含經》爲根據的『人間佛教』找到了合理的佛理依據。」〔註264〕這種新詮釋所達到的目的與僧界的第三點看法所指向要解決的問題差不多，就是爲大、小乘佛教找到了共同的理論基礎。

此外，印順法師中觀思想的批判功能也是不可忽視的。其批判功能具體表現爲三點：一是批判法界圓覺宗。因爲「他（指印順法師）所關心的毋寧是純正的佛法，是否能夠更加廣泛而又無誤地在中國甚至全世界流傳的問題。基於這樣的理念，印順導師展開了對他的老師──一太虛大師所心儀的法界圓覺宗的批判；相反地，他呼籲：回歸純正的印度佛法，亦即回歸原始佛法和初期大乘佛法──中觀學派！他認爲，這樣的佛法，才能對治傳統中國佛教的弊病──度亡、度鬼、偏重死後往生西方極樂世界、偏重天神信仰等弊病，使得中國佛教，在西方文化的衝擊之下，起死回生。」〔註265〕從此可見，印順法師批判法界圓覺宗，其目的是爲了闡揚純正的佛法，以「對治傳統中國佛教的弊病」。二是指責神化的佛陀觀。「如果我們聯繫印順法師的中觀思想，就不難發現，在印順法師看來，神化的佛陀觀，是佛教向神教的

〔註261〕李元松著：《我有明珠一顆》，中國友誼出版公司，1995年，第12頁。
〔註262〕藍吉富編輯：《印順導師的思想與學問──印順導師八十壽慶論文集》倡印緣起，正聞出版社，1992年。
〔註263〕黃夏年主編：《印順集》，中國社會科學出版社，1995年，第3頁。
〔註264〕李嶷：《印順法師佛學思想研究》，2001年北京大學博士學位論文。
〔註265〕楊惠南著：《當代佛教思想展望》自序，東大圖書股份有限公司，2006年。

轉化，它是與佛教的正法完全違背的，它完全是自性觀念的折射，它所引向的不是佛陀通過體悟世界的道理而揭示出來的世界的未來，相反，它所引向的是佛教的最終衰敗。」〔註266〕從這裡可以看到，印順法師指責神化的佛陀觀與其闡揚的純正的佛法相違背，會導致佛教向神教的轉化，最終走向衰敗。三是貶抑唯心論。印順法師說：「我多讀了幾部經論，有些中國佛教已經遺忘了的法門，我又重新拈出。舉揚一切皆空爲究竟了義，以唯心論爲不了義，引起長老們的驚疑與不安。」〔註267〕可見，印順法師貶抑唯心論爲不了義，引起的反響相當強烈。

　　印順法師中觀思想在發揮批判功能的同時，也遭遇到質疑。關於這一點，具有代表性的人物是李元松。他否認印順法師中觀思想是純正的佛法，「對於印順法師的中觀思想，他曾評論：我個人覺得，印順法師有過於注重緣起性空的形式意義的傾向，以致於對一些在形式上和般若中觀系的風格略有不同的宗派，印順法師即便認爲彼宗有佛法以外的雜質；印順法師似乎忽略了緣起性空學說其實也只是渡江之筏而已——同樣的，他所批評的如來藏、眞常唯心，應該也只是在表達唯證乃能相應的佛法體驗的另一艘木筏。如果以印順法師的思考模式，那麼華嚴經善財童子所參訪的諸多地上菩薩，他們有很多位可能都要被歸納爲不純正的般若修行人了！」〔註268〕在這裡，李元松認爲印順法師中觀思想與如來藏、眞常唯心等思想一樣只是「渡江之筏而已」，並不具備評判其他派別思想的價值。由此，李元松還進一步否定印順法師中觀思想是佛法的第一義即眞義的表述。「李老師雖受印順法師影響，慣以中觀思想詮釋佛法義理和剖析修行原理，但不認爲中觀思想是第一義唯一的表詮方式。李老師強調，中觀思想只是佛教的起點，不是佛教的終點。」〔註269〕在這裡，他甚至強調指出印順法師中觀思想只是「佛教的起點」。印順法師中觀思想是否眞的如李元松所指出那樣呢？爲此，我們不妨來繼續探討其主要內容及其特徵。

〔註266〕李嶷：《印順法師佛學思想研究》，2001年北京大學博士學位論文。

〔註267〕潘煊著：《法影一世紀——印順導師百歲》，天下遠見出版股份有限公司，2005年，第238頁。

〔註268〕溫金柯著：《繼承與批判印順法師人間佛教思想》，現代禪出版社，2001年，第39頁。

〔註269〕溫金柯著：《繼承與批判印順法師人間佛教思想》，現代禪出版社，2001年，第39頁。

第二章　印順中觀思想的主要內容

　　中觀思想是印順佛學思想的重要組成部份，也是他一生信奉的佛教主要內容。他為振興和弘揚其中觀思想，付出了畢生的心血和精力，撰寫了許多有關的著作，留下了豐富的資料。從這些資料中，我們可以看到他的中觀思想，不僅僅是集中於他的幾本相關的專著中，而是滲透到他的所有佛學著作中。如果要領會和掌握他的中觀思想的主要內容，就必須把他所有佛學著作中的有關內容進行高度概括，才能完整地體現出來。本文正是按照這一思路，通過全面細讀他的佛學著作，從宏觀的角度將他的中觀思想歸納為四個方面：一、緣起觀；二、性空觀；三、二諦觀；四、中道觀。這四個方面都隱含著印順中觀思想存在著空有之間、三乘之間和三系之間等不同關係，這些相互之間的不同關係從不同角度都說明了印順中觀思想的顯著特徵。為了較全面地瞭解印順中觀思想的主要內容和顯著特徵，我們將先分述其內容，然後根據其內容在空有之間、三乘之間和三系之間存在的不同關係概述其特徵。

第一節　緣起觀：揭示世俗的事相

一、緣起深義

　　印順法師認為，緣起是佛法理論和實證的重要內容。他對佛教經典研究得出的結論是：「依經說，釋尊是現觀緣起而成佛的。」〔註1〕佛陀自悟自證

〔註1〕印順著：《印度佛教思想》，正聞出版社，1990年，第24頁。

的境界也說明，在「這生命中心的世間，佛陀的正覺是『我說緣起。』」〔註2〕在原始佛教時期，「因緣生法，是釋尊的根本教義。」〔註3〕隨著大乘佛教的發展，緣起就成爲「佛陀的法身」。

　　緣起的定義，是「此有故彼有，此生故彼生」。簡言之，可解說爲「緣此故彼起」。它的內容，是「謂無明緣行，行緣識，識緣名色，名色緣六處，六處緣觸，觸緣受，受緣愛，愛緣取，取緣有，有緣生，生緣老病死」。這裡所說的緣起，是以有情的生生不已之存在爲中心的，來說明有情生死緣起的十二鈎鎖。因爲有情的「一切認識，都是依根（認識的官能）、境（認識的對象）、識──三和而成立；也就是說，認識是緣起的存在。」〔註4〕由此，佛教的十二因緣得以成立。因爲「佛法以有情的生死相續及還滅爲中心，所以經中說到緣起，總是這樣說：『此有故彼有，此生故彼生，謂無明緣行，……乃至純大苦聚集』。『此無故彼無，此滅故彼滅，謂無明滅則行滅，……乃至純大苦聚滅』。《阿含經》說緣起，雖多從有情的流轉還滅說，實則器世間也還是緣起的。阿毘達磨論中說四種緣起，即通於有情及器世間。《十二門論》也說內緣起與外緣起：內緣起，即無明緣行等十二支；外緣起，即如以泥土、輪繩、陶工等而成瓶。可知緣起法，是通於有情無情的。依《智論》說：不但內外的有爲法是緣起的，因待有爲而施設無爲，無爲也是緣起的。這樣，凡是存在的因果、事理，一切是緣起的存在；離卻緣起，一切無從安立。」〔註5〕從這一段話中，我們可以看到緣起以有情爲中心，實際上它是通於有情無情的，也可以說它是通於一切存在的現象。因此，一切諸法的現象都可以從緣起得到解釋，如隨舉一法，都是從因緣而有的，離了因緣不存在；而同時，這也就是其他法的因緣。所以表現爲個體相的，在前後延續，彼此相關的活動中，與一切法息息相關。這與龍樹的中觀見也是吻合的。龍樹的中觀見，認爲凡有必是因緣有，無因緣即等於沒有。中觀者不承認有不待因緣的東西，就是無爲法，也是因有爲而施設，是緣起的。每一存在的，顯現的，必是相互觀待的；否則，就根本不能成爲所認識的對境，也就不能成立它的存在。若有一法無因緣而可現起，那就是反緣起的自性見，要根本否認它。

〔註2〕　印順著：《華雨集》第四冊，南普陀寺慈善事業基金會，2002 年，第 72 頁。

〔註3〕　印順講、演培記：《中觀論頌講記》，正聞出版社，1992 年，第 160 頁。

〔註4〕　印順著：《佛在人間》，正聞出版社，1992 年，第 341 頁。

〔註5〕　印順講、續明記：《中觀今論》，正聞出版社，1992 年，第 59 頁。

「一切現象，一切存在，所以成爲這樣的現象，這樣的存在，並不是神意的，不是自然的，不是宿命的，也不是偶然的，而是依緣而起的。」〔註6〕因此，印順法師認爲緣起是甚深的。他說：「緣起義是甚深、甚深，如大海一樣的，不容易測度到底裏的。」〔註7〕若「不說在世間的學說中第一，就是在佛陀的一切聖教中，緣起也是最深刻的，最究竟的。」〔註8〕當初「佛悟緣起的虛妄無實，說緣起如環之無端，即形容隨向兩面看都有前後可尋，而到底是始終不可得。」〔註9〕佛法「這樣的甚深緣起（及緣起寂滅），非變非異，法爾自然，當然是法了。」〔註10〕緣起的甚深義，印順法師斷定爲是由其本性決定的。他說：「緣起法是本來如此的，非佛作，亦非餘人作，所以說是法性，性有本來如此的意義。……緣起法則，過去如是，現在如是，未來也如是，有其不變性，所以說是法住。」〔註11〕緣起表現了其不變性，緣起如是的不變性只能通過證悟覺知。「緣起聖諦的因果法則，是本來如是，必然如是，普遍如是而又確實如是的；釋尊如實不謬的證悟到，所以讚歎形容它是眞、是實、是諦、是如。」〔註12〕緣起是本來如此的，與佛的出世不出世無關。佛只是以正道而覺證它，爲眾生說明而已。

緣起法忠實地貫徹了佛教的三法印原則。緣起法門是怎樣開顯三法印的呢？印順法師是這樣解釋的：「從緣起生滅的非常上，顯示了刹那生滅的諸行無常。緣起是有情爲本的，從緣起和合的非一上，開示了眾緣無實的諸法無我。從緣起的非有不生的寂滅上，闡明了無爲空寂的涅槃寂靜。緣起法具體的開顯了三法印，是即三即一而無礙的。」〔註13〕這是一個總體上的解釋，在他的不同論著中也有不同程度的論述，歸納起來有如下幾點：一是緣起是無我、無常。印順法師引用經典裏面的話來證實：「佛則說：凡爲因緣法，必定都是無常的。」〔註14〕在因緣自身的甚深義上，也可以「依因緣以明無常（苦）無我，爲佛法精義，不共世間法所在。知緣起無常無我，則能厭生死

〔註6〕　印順著：《佛法是救世之光》，正聞出版社，1992年，第278頁。
〔註7〕　印順著：《成佛之道》，正聞出版社，1993年，第207頁。
〔註8〕　印順講、演培記：《中觀論頌講記》，正聞出版社，1992年，第54頁。
〔註9〕　印順講、續明記：《中觀今論》，正聞出版社，1992年，第125頁。
〔註10〕　印順著：《以佛法研究佛法》，正聞出版社，1992年，第111頁。
〔註11〕　印順講、妙欽記：《性空學探源》，正聞出版社，1992年，第19～20頁。
〔註12〕　印順講、妙欽記：《性空學探源》，正聞出版社，1992年，第20頁。
〔註13〕　印順講、演培記：《中觀論頌講記》，正聞出版社，1992年，第10頁。
〔註14〕　印順講、妙欽記：《性空學探源》，正聞出版社，1992年，第36頁。

（不已），向涅槃而行正道。」〔註15〕他從此得出：「這樣，緣起法的本性空——無我，就貫徹三印了。」〔註16〕二是緣起是諸法空寂。印順法師認為「從緣起法觀察到諸法空寂，佛陀就依之而建立三法印。」〔註17〕並且「唯有從性空的緣起中，才能通達了三法印的融然無礙。」〔註18〕三是三法印與一實相印無礙。龍樹《中論》中的「眾緣所生法，我說即是空，亦為是假名，亦是中道義」偈語，印順法師認為它體現三法印與一實相印無礙的實相，它也代表了緣起正法。就「龍樹論特別的顯示一切法空，就是緣起的一實相印。從即空的緣起去談三法印，才知三法印與一實相印的毫無矛盾，……」〔註19〕

佛教的終極目的在於解脫，解脫的依據是緣起法。印順法師確信生死是可解脫的。為什麼可以解脫？就因為它是緣起法的緣故。他歸納出「出世的解脫道，是以緣起及四諦法門為綱要的。」〔註20〕緣起法，在印順法師看來，是「依緣起的此有故彼有，此生故彼生，闡明生死的集起；依緣起的此無故彼無，此滅故彼滅，顯示生死的寂滅——涅槃。緣起是有為，是世間，是空，所以修空（離卻煩惱）以實現涅槃；」〔註21〕從這裡可以總結出，一切是緣起的。「依緣起而世間集，依緣起而世間滅。」也就是說，可以依緣起而明法的有、無、生、滅。反過來，又可以推論出「緣起法的有與生，無與滅，都是『此故彼』的，也就是依於眾緣而如此的。『此故彼』，所以不即不離，《中論》等的遮破，只是以此法則而應用於一切。」〔註22〕印順法師正是採用這種順逆推理來運用緣起法，從而深刻地揭示了世俗的一切事相。他運用緣起法，還揭示了「《中論》等依不即不離的緣起義，或約先後，或約同時，一一的加以遮破。遮破一切不可得，也就成立緣起的一切，如《觀四諦品》說：『以有空義故，一切法得成』」〔註23〕這是從理論上揭示出緣起詮釋事相的實質。如果從佛法實踐的解脫涅槃來說，那麼佛法依緣起為本，就可闡明

〔註15〕印順著：《華雨集》第四冊，南普陀寺慈善事業基金會，2002 年，第 290～291頁。
〔註16〕印順著：《佛法概論》，正聞出版社，1992 年，第 162 頁。
〔註17〕印順著：《佛法是救世之光》，正聞出版社，1992 年，第 152 頁。
〔註18〕印順講、演培記：《中觀論頌講記》，正聞出版社，1992 年，第 11 頁。
〔註19〕印順講、演培記：《中觀論頌講記》，正聞出版社，1992 年，第 11 頁。
〔註20〕印順著：《成佛之道》，正聞出版社，1983 年，第 219 頁。
〔註21〕印順著：《空之探究》，正聞出版社，1986 年，第 8 頁。
〔註22〕印順著：《空之探究》，正聞出版社，1986 年，第 228 頁。
〔註23〕印順著：《空之探究》，正聞出版社，1986 年，第 228 頁。

四諦、三寶、世出世法。所以緣起正見，也即是知四諦慧。不過在說明上，緣起法門著重於豎的系列說明，四諦著重於橫的分類而已。因此只有樹立了緣起正見，知四諦慧，才有可能最終達到解脫涅槃。因為「佛說緣起，涅槃是緣起的寂滅，是不離緣起『此滅故彼滅』而契入的。」〔註24〕在緣起正見中，還得注意一個先後的次第，必須是先知緣起，後知涅槃。在「佛法中，緣起是甚深的，以法性、法住、法界、（眞）如、不變易性來表示他；又說涅槃是最甚深的。『要先知法住（知緣起），後知涅槃』，所以佛弟子是觀緣起的無常、苦、無我、我所——空，能斷煩惱而證究竟涅槃的。」〔註25〕因而必先有通達緣起法相的法住智，然後才能證得涅槃智，這是不可超越的次第。

二、緣起法門

前面我們說過，印順法師是信仰因緣的不可思議，以後他「更深信世間的緣起（因緣）觀」，確定「因緣——緣起觀是佛法的勝義所在，是不容懷疑的。」〔註26〕這與他所信仰的佛法因緣正見具有密切的關係。印順法師認為只有深信因緣法，並從緣起法門的正見中，才能破邪見、離我見。依佛法說，人之所以有邪見的生起，是由於對於緣起法沒有正確的認識。要如何才能離於邪見呢？就必須從明白緣起來糾正種種偏邪。因為「緣起法門，以離我見為本的一切戲論為大用，見之於實際修證上，便能離我我所，得大解脫而實證涅槃。」〔註27〕而且「佛說一切法從因緣生，目的在破邪因、無因，常見、斷見等錯誤，又開示一切法的寂滅性。」〔註28〕眾生悟緣起法的作用，主要在離我見——顯示無我。一切偏邪僻見，都是以我見為主而引起的；在緣起中，顯示一切唯是如幻的緣起，我性本空，所以我性不可立——無我。這樣我們就懂得了有了有無的邪見，就不能見緣起法。理解緣起，就知道世間是非斷非常的中道，我見邊見自然遠離的深刻道理。

邪見、我見等與緣起是不相應的，因為它與緣起的無自性是背道而馳的。在對待實體上就有明顯的差異，這有無實體、持邪見、我見等人與中觀者有一絕大的差別。中觀者看來，沒有固定的自體，就是無自性；無自性不是什

〔註24〕印順導師著：《人間佛教論集》，正聞出版社，2002 年，第 38 頁。
〔註25〕印順導師著：《人間佛教論集》，正聞出版社，2002 年，第 19 頁。
〔註26〕印順著：《華雨集》第二冊，南普陀寺慈善事業基金會，2002 年，第 27 頁。
〔註27〕印順講、妙欽記：《性空學探源》，正聞出版社，1992 年，第 60 頁。
〔註28〕印順講、演培記：《中觀論頌講記》，正聞出版社，1992 年，第 48 頁。

麼都沒有,只是沒有固定性,緣起的假名是有的。這樣,決定有是妄見,不決定有是正見。但持邪見、我見等人的見解不然,他不解緣起,把自性的實有見,與緣起法打成一片。所以他聽說有,就以為有真實的自體;如果說無實體,他就以為什麼都沒有。像這樣的有實性與無實性,都是錯誤的。為了離邪見、我見,把握緣起法門,印順法師非常強調緣起的無自性。他認為凡是緣起的,沒有不是受著種種關係的局限與決定;受種種關係條件而決定其形態與作用的緣起法,即不能不是無自性的。他還引用論典來說明緣起的無自性,「《中論》說:『因緣(即緣起)所生法,我說即是空』。『因緣所生法,即是寂滅性』。《十二門論》說:『因緣所生法,是即無自性』。緣起,所以是無自性的;無自性,所以是空的;空,所以是寂滅的。」〔註29〕這緣起的無自性,印順法師認為是三乘所共的正觀、正見。如「《中論》所說:緣起即空(寂),正是聲聞、緣覺、菩薩──三乘所共的正觀。」〔註30〕依此而知緣起,緣起的空寂性,是三乘共的正見。大乘正見,也還是這個,只是更深徹的,更切要的確知確信而已。這是由於見緣如起法無自性空,就是真的見到緣起法的本性。但是緣起的無自性,對於如幻的事相又似現矛盾之特性。印順法師深有感觸的說道:「不過緣起是無自性而有矛盾的;所以在不同的心境中,注意於緣起法的某一點,即可以隨感見而不同。」〔註31〕一切是緣起如幻的,緣起是絕無自性,相依相待而似現矛盾之特性的。正是由於緣起的無自性呈現出矛盾之特性,所以當初「龍樹專依緣起的無自性說空,可說是破斥當時盛行的『自性有』者,處於完全相反的立場。」〔註32〕龍樹依緣起的無自性破斥當時盛行的「自性有」者,是很徹底的。「然龍樹學以無自性故緣起,若有自性如毫釐許者,則緣起不成。」〔註33〕這樣「自性有」者就沒有一點退卻的餘地。可以說,龍樹是從緣起而沒有自性(自性就是實在的個體性)的深觀中,深入一切法的底裏,即是空平等性。這如芭蕉,層層的披剝進去,原來是中無有實一樣。這就是一切法的真性,是平等無差別的,超越時空質量的,是佛平等大慧所自覺自證的。因此要瞭解緣起的無自性,必須「從緣起中洞見一切無差別的無性空寂,才能離自性的妄見,現見正法,得到佛法

〔註29〕印順講、續明記:《中觀今論》,正聞出版社,1992年,第59頁。
〔註30〕印順著:《華雨集》第五冊,南普陀寺慈善事業基金會,2002年,第290頁。
〔註31〕印順講、演培記:《中觀論頌講記》,正聞出版社,1992年,第428頁。
〔註32〕印順著:《空之探究》,正聞出版社,1986年,第249頁。
〔註33〕印順著:《無諍之辯》,正聞出版社,1995年,第102頁。

的解脫味。因此，若人說有我，是勝義我，是不可說我，是眞我，或者是依實立假的假我；又說諸法的各異相，以爲色、心，有爲、無爲等法，一一有別異的自性，那是完全不能瞭解緣起。」〔註34〕特別是對於擁有中觀正見的學者，解了一切法的無自性生，是如幻如化的緣生。一切法本沒有獨立的自性，是種種因緣的和合生。如鏡中像，不能說是從玻璃生、面生、光生、空間生。尋求像的自性，永不能得，而在種種條件的和合下，就有此假象，才容易通達緣起的無自性。

　　緣起是無自性的，因此緣起與自性就不能一致，也不能並存。印順法師站在中觀的立場上認爲「若依中觀的看法，自性與緣起，是不容並存的。有自性即不是緣起的，緣起的就不能說是自性有的。二者是徹底相反的，說自性有而又說緣起，可說根本不通。」〔註35〕自性卻是自成的，本來如此的。自性與緣生，不相併立。所以凡是自性成的，決不假藉眾緣；凡是眾緣生的，決無自性。一切法依眾緣而存在，所以就否定了自性有。沒有自性，當然沒有從自性生了，自性生尚且不可得，他性生當然不成。自性即非緣起，緣起即無自性，二者不能並存。所以說有自性，又說眾緣和合生，這是不合理的。依中觀的正見，若諸法眾緣和合而生起，那就是無自性的；無自性的緣生，當體是本性空寂的寂滅性。由此可推斷出要悟解緣起無自性，就要排除自性見。那麼自性到底是什麼呢？《中論》對自性的具體說明是「眾緣中有性，是事則不然，性從眾緣出，即名爲做法。性若是作者，云何有此義？性名爲無作，不待異法成」。〔註36〕從這裡可以看出，自性有三義：一、自有，就是自體眞實是這樣的，這違反了因緣和合生的正見。二、獨一，不見相互的相關性，以爲是個體的，對立的。三、常住，不見前後的演變，以爲是常的，否則是斷的。總之，自性，是自有自成的，與眾緣和合而有，恰好相反。所以，凡是眾緣有的，就沒有自性；如說法有自性，那就不從緣生了。一切是依因緣而有的，所以一切是無自性的；一切無自性，也就一切法無不是空了。進一步說，由於一切法無自性空，所以一切依因緣而成立，「以有空義故，一切法得成」，顯示了龍樹學的特色。從世間與出世間法來看，印順法師把自性分爲二種：一者，如世間法（中）地堅性等；二者，聖人（所）知如、法性

〔註34〕印順講、演培記：《中觀論頌講記》，正聞出版社，1992年，第210頁。
〔註35〕印順講、續明記：《中觀今論》，正聞出版社，1992年，第68頁。
〔註36〕《中論・觀有無品》。

（界）、實際。自性的第一類，是世間法中所說的，如地堅性、水濕性等。地以堅為自性，水以濕為自性等，世俗法中是可以這樣說的。如求堅等自性的實體，那是不可得的，也就是沒有自性——無自性了。二者，是聖人所證的眞如，或名法界、實際等。這是本來如此，可以名之為自性的。針對這二類自性，應有相應的對治方法。對待世俗自性：世間眾生以為自性有的，如地堅性等，不符緣起的深義，所以要破斥而論證為沒有自性的。對待勝義自性，聖人所證見的眞如、法界等，是聖人如實通達的，可以說是有的。從內心中的錯誤根本來分析，即是執為實有自性而是常是我的，又略可分為二類：（一）、我執，（二）、法執。我執，這是對於有情不悟解為因緣幻有而執有不變性、獨存性、實在性。法執，是在一切法上所起的錯誤，其中最根本的執著，即有情——人們在見聞覺知上不期然而起的含攝得不變性、獨存性的實在感。這種自性的根本在於它的實在性，並含攝得不變性、獨存性和自成性。因為「不論外觀內察，我們總有一種原始的、根本的、素樸的，即明知不是而依然頑強存在於心目中的實在感，這即一切自性執的根源。存在的一切，都離不開時間與空間，所以在認識存在時，本來也帶有時空性。不過根識——直覺的感性認識，刹那的直觀如此如此，不能發見它是時空關係的存在，也即不能了達相續、和合的緣起性。這種直感的實在性，根深蒂固的成為眾生普遍的妄執根源。雖經過理性——意識的考察時，也多少看出相續與和合的緣起性，而受了自性妄執的無始薰染，終於歸結於自性，而結論到事物根源的不變性、自成性、眞實性。因為自性是一切亂相亂識的根源，雖普遍的存在於眾生的一切認識中，而眾生不能摧破此一錯誤的成見，反而擁護自性——元、唯、神、我為眞理。總之，所謂自性，以實在性為本而含攝得不變性與自成性。」〔註37〕

　　一旦主張有自性，就是破一切法的從諸因緣所生而無自性的空義。破因緣生義，即破一切法空性，這就不知幻有，不知眞空，破壞了二諦。不但不能成立出世法，而且還破於世俗諦中諸餘所有的一切法。世俗的一切法，包括世間的一切現象，穿衣、吃飯、行、來、出、入，一切事業，一切學理、制度。這一切的一切，都是性空的緣起；所以破壞了因緣性空，即是破壞世俗一切法了。更為重要的是，「主張實有自性，就應當在實有上建立流轉；否則，應痛快的接受一切唯名論，在假名中建立一切。假定說是實有的，或妙

─────────────────

〔註37〕印順講、續明記：《中觀今論》，正聞出版社，1992年，第69頁。

有的，根本佛法中，徹底不承認這種思想。」〔註 38〕實有自性，在現實中也是行不通的。首先，從時間、空間來看，諸法假使有實在的自性，就是固定不變的。在時間上是永遠如此，在空間上也不能變異。與此同時，凡是緣起的存在者，不離這存在、時間、空間的性質；顛倒的自性見，也必然在這三點上起執。這是因爲自性見者，推論爲有自性才可成立一切，這是不解緣起法所生的錯誤。它們是離現象而想像實體，所以不能把握時空中的相待相關性的緣故。其次，從眾生眞實的自我感來看，「由於眾生的無始蒙昧，不與平等一味相契合，而形成獨立的形態。於此因緣和合的相對自體，有自我感，不能了悟無人、無我、無眾生的定性。眾生一個個的獨立形態，佛說是依五眾（蘊）和合而生，這五眾和合而成的單位，內有複雜性而外似統一。一切眾生的自我感，都將自己從一切中分離出來，意解作一獨立體，一切問題就層出不窮了。」〔註 39〕另外面對息息相關，法法緣起，而眾生都看作獨立性，起眞實的自我感，這是眾生共同的錯覺。

按照性空論者的意見，若有一法無因緣而可現起，那就是反緣起的自性見，要根本否認它。要避免所有的無戲論，根本是離卻一切的自性見。在這裡自性見就成爲緣起法門的大敵，緣起法門就必須破除它。印順法師就提出「這裡有需要考慮的，即有自性者不是因緣生，因緣生者即無自性，龍樹論中處處在說明，以緣起爲破除自性見的唯一理由。」〔註 40〕其理論基礎是佛說因緣生義，爲通達無自性的唯一因。以緣起破除自性見，也必須找準破自性見的門徑。自性見，在一一法上轉，就叫法我見，在一一有情上轉，就叫人我見。破除自性見，就是達到法空與我空。其實「佛說一切法是緣起的，緣起是無自性的，就是掃除這個根本錯誤（指法我見和人我見）的妙方便。」〔註 41〕緣起無自性告訴我們，凡是存在的，都是從眾緣所生的；非緣生的，一點也沒有。因此，破除我空與法空也就毫無疑問了。首先，從破除人我見來說，佛法首先教人除卻我執，我執沒有了，即能契合於緣起的正理。要破除人我執，就要通達緣起。「假如通達緣起，就知道假我以一切的存在爲根據，就能解除因自我妄執而生起不必要的苦痛，實現苦樂不入於胸次的自在。」〔註42〕

〔註 38〕印順講、演培記：《中觀論頌講記》，正聞出版社，1992 年，第 267 頁。
〔註 39〕印順導師著：《人間佛教論集》，正聞出版社，2002 年，第 164 頁。
〔註 40〕印順講、續明記：《中觀今論》，正聞出版社，1992 年，第 188 頁。
〔註 41〕印順講、演培記：《中觀論頌講記》，正聞出版社，1992 年，第 22 頁。
〔註 42〕印順著：《華雨集》第四冊，南普陀寺慈善事業基金會，2002 年，第 268 頁。

其次，從破除法我見來說，面對一切諸法，「如承認虛誑妄取的諸法是有變異的，那也該知道一切法都是無性空了。諸法假定是有自性的，那就決定非因緣所生；不失他的自體，應該是常住自性的。既知諸法的生滅不住而有變異的，就應知沒有實在性了。」〔註43〕再次：從緣起的幻相上說，諸法固是假有，我也是假有。依五蘊和合相續而有假名我——補特伽羅，人格、個性、因果，都可於此安立。若從執有自性說，那非但補特伽羅我無自性，法也無自性。法我見和人我見的終極根源在於無明。這是因為不待他、不變異的自性，是根源於與生俱來的無明。無明不是一般的無知，是專指執著實有我、法自性的無知。無明即沒有智慧，即障礙智慧通達真理的愚癡，執一切法有自性。無明所蔽的當中，主要的是在緣起幻相的妄現自性相中，直覺的見有自性。外執事事物物的實在，內執五陰中自我的實在。因為執因緣法為實有性，即是無明，由自性的執著——無明為首，引生一切煩惱，由煩惱而造業，故有生死流轉。反轉來說，不執諸法有自性，悟解我法性空，即無明不生，無明不生即一切煩惱不起。總而言之，實有實無的自性見，能滅除它的，只有大智佛陀的緣起法，所以說佛能滅有無。當初佛陀說法，成立緣起，就在此緣起中破除自性見；破除自性見，才能真見緣起的真相，解脫一切。因此，只有破斥自性我與自性識，才能從假名緣起中給予解說。緣起性空法門指出眾生的錯誤所在，並告誡反省自性的不可能。

緣起的本性觀察，印順法師認為應從十二緣起入門。他自己就是這樣做的，「我這樣廣泛的觀察，理解世間是十二緣起的因果，叩開了緣起法海的大門。」〔註44〕這是因為一切法依緣起而善巧成立，特別說明《阿含》常說的十二緣起。要經過廣泛的觀察，緣起法，即顯示此緣生法因果間的必然理則。由此深究緣起法的本性，一切是無自性的空寂。由此就很容易知道「自性空而假名有，這是緣起的本性。」〔註45〕佛教之所以要建立緣起，目的在於契入空性。「佛陀為令有情契入勝義空性，證得寂靜的涅槃，所以就在世間現事上建立緣起法。眾生從無始來，都不見諸法的真實義；假使不在緣起的現象上顯示，就無法說明。」〔註46〕只有在緣起的現象上顯示，才能說明佛法不共世間的性質。現象上的緣起是說世間的一切，無論是天文、地理、自然界、

〔註43〕印順講、演培記：《中觀論頌講記》，正聞出版社，1992年，第234頁。
〔註44〕印順著：《青年的佛教》，正聞出版社，1992年，第31頁。
〔註45〕印順講、演培記：《中觀論頌講記》，正聞出版社，1992年，第258頁。
〔註46〕印順講、演培記：《中觀論頌講記》，正聞出版社，1992年，第257頁。

動物界，乃至我們個人生理上、心理上的現象，都是依緣而存在的。佛說緣起，是最普遍的法則。從這裡才會瞭解佛的制度與其他的所以不同。把握緣起的原則，在思想上、制度上，及實際的修持上，都會有與世間不同處。除此之外，印順法師還特別指出一切法依他因緣而存在，在這種種因緣——他中，有特別重要的，不能缺少的條件，這就是心。在緣起法中，「心識為（種種因緣中的遍）因，事物是果。心與外境，有著因果不相離的關係，那麼心如變化，外境也就變化了。」〔註47〕從此出發，我們就可以瞭解到，佛法的「正見——如實知見的，是緣起——法的又一義。世間一切的苦迫，依眾生，人類而有（依人而有家庭、社會、國家等），佛法是直從現實身心去瞭解一切，知道身心、自他、物我，一切是相依的，依因緣而存在。在相依而有的身心延續中，沒有不變的——非常，沒有安穩的——苦，沒有自在的（自己作主而支配其他）——無我。世間是這樣的，而眾生、人不能正確理解緣起（無明），對自己、他人（他眾生）、外物，都不能正見而起染著（愛）。以無明、染愛而有造作（業），因行業而有苦果。三世的生死不已是這樣，現生對自體（身心）與外境也是這樣，成為眾生無可奈何的大苦。」〔註48〕從緣起的角度分析，就可以深入透視世間一切的苦迫形成，因為眾生只是身心和合的個體活動，一切依於因緣，而眾生卻都感到與他對立的自我存在，這才表現出向外擴展（我所的無限擴展），向內自我固執的特性。生死不已的根源在此，人間——家庭、社會、國家間的無限糾紛，也根源在此。如通達緣起故無常、苦、無我、我所的，也就能契入空相應緣起。只有找到了生死不已的根源，又通達緣起的深義，才可獲得解脫的機會。

　　印順法師認為緣起法門，無論是建立自宗，或簡別外道，都是佛法的要義所在。緣起法門在佛教的修行解脫方式上與外道迥然不同，它自始至終是採取一種「處中之說」。首先，從經典來看，如從《阿含》為佛法根原，以龍樹中道去理解，那麼緣起是處中說法，依此而明生滅，也依此而明不生滅；緣起為本的佛法，是綜貫生滅與不生滅的。另外「處中之法，依緣起而開示不落外道的種種異見，這是《雜阿含經》最一般的法說。《梵網》、《五三》、《幻網》等，更廣分別以顯示這一深義。從《阿含經》看來，從愛滅則取滅著手的，是五蘊說。從觸滅則受滅著手的，是六處說。從識滅則名色滅，或無明

〔註47〕印順著：《學佛三要》，正聞出版社，1994 年，第 50 頁。
〔註48〕印順導師著：《人間佛教論集》，正聞出版社，2002 年，第 36 頁。

滅則行滅說起的，是因緣說。其實，這都是因緣（緣起）說，而導歸於寂滅的。」〔註49〕其次，從事理來看，印順法師認為緣起法是處中之說，不偏於事，不偏於理；事相差別而不礙理性平等，理性一如而不礙事相差別。在同一的緣起法中，成立事相與理性，而能不將差別去說理，不將平等去說事，這才能恰合事理的樣子而如實知。同時還要「須知緣起法，近於辯證法，但這是處中而貫徹事理的。從正而反而綜合的過程，即順於世俗假名的緣起法，開展生滅（變）的和合、相續的相對界。即反而正而超越（反的雙遮）的開顯，即順於勝義性空的緣起法，契合無生的無常、無我的絕對界。相對的緣起相，絕對的緣起性，不即不離，相依相成而不相奪，這真是能開顯事理的無礙。」〔註50〕

三、八不緣起

印順法師認為「以八不說明中道的緣起說，淵源於《雜阿含經》說，是不容懷疑的！」〔註51〕他通過對印度佛教的各部派的研究分析，得出：「緣起為佛法宗要，是各部派所公認的，但解說不一。龍樹所要闡揚的，是不生不滅等『八不』的緣起，也就是中道的緣起。」〔註52〕接著他進一步指出：「我以為，論究龍樹的緣起，從緣起的字義中去探討，是徒勞的。從龍樹論去理解，龍樹學是八不中道的緣起論。」〔註53〕這就說明，龍樹的緣起特色在於「八不緣起」論。

「八不」（即不生不滅、不常不斷、不一不異、不來不出）是龍樹在《中論》的開首偈中提出的，這也是《中論》的核心思想。龍樹在「《中論》所顯示的、成立的一切法，是緣起的，不能依世俗常談去理解，而是八不──不生、不滅、不常、不斷、不一、不異、不來、不出的緣起，也就是要從即空而如幻、如化的去理解緣起法。」〔註54〕對於「八不」，印順法師著重在於「不生不滅」，認為這是大乘不共之學的特色。他說：「不常不斷、不一不異、不來不去的緣起，即使解說不同，因為《阿含經》有明顯的教證，聲聞學者還易

〔註49〕印順著：《原始佛教聖典之集成》，正聞出版社，2002 年，第 583 頁。
〔註50〕印順講、續明記：《中觀今論》自序，正聞出版社，1992 年。
〔註51〕印順著：《空之探究》，正聞出版社，1986 年，第 211 頁。
〔註52〕印順著：《空之探究》，正聞出版社，1986 年，第 216 頁。
〔註53〕印順著：《空之探究》，正聞出版社，1986 年，第 226 頁。
〔註54〕印順著：《空之探究》，正聞出版社，1986 年，第 229 頁。

於接受。唯對於不生不滅的緣起，不免有點難於信受。因此，這就形成了大乘教學的特色，成爲不共聲聞的地方。」〔註55〕若「依中觀者說，緣起不生不滅，是說緣起即是不生不滅的，這緣起寂滅性即是中道。佛陀正覺緣起而成佛，在此；聲聞的證入無爲無生，也在此。這緣起的不生不滅，本是佛法的根本深義，三乘所共證的；但在佛教教義開展的過程中，成爲大乘學者特別發揮的深義，形式上成爲大乘的不共之學。」〔註56〕印順法師不只是突出「不生不滅」爲大乘不共之學，而且強調只有通達「不生不滅」的道理，才可眞正掌握「八不」的意義。他曾概括性的論述道：「八不的緣起，可簡括的說：以勝義自性空爲根本，即以第一義而說八不；勝義不離世俗一切法，即一切法而顯，所以通達眞俗皆是不生不滅的，這才是八不的究竟圓滿義。」〔註57〕

　　印順法師強調的是「八不」中的「不生不滅」，這與歷史上其他解說就不一致。對於歷史上存在的不同解說，印順法師概括出三種意見：一是青目釋。他認爲青目的解說八不，分爲兩段：一、專就破生滅、斷常、一異、來去的執著以顯第一義，是約理說的。二、舉事例以說明八不：如穀，離從前的穀種，並沒有今穀新生，故不生；而穀從無始來，還有現穀可得，故不滅。雖然穀是不生不滅的，以後後非前前，故不常；年年相續有穀，故不斷。由穀生芽、長葉、揚花、結實，即不一；然穀芽、穀葉、穀花、穀實，而非麥芽、麥葉、麥花、麥實，也不可說是完全別異的。穀不自他處而來，亦不從自體而出，即不來不出。他評論青目的八不義，是即俗顯眞的。青目的舉穀爲例，即是就世俗諦以明第一義的好例。二是清辨釋。他認爲清辨釋也分爲二說：一、生滅與一異，是約第一義諦而說爲不的；斷常即約世俗諦而說不的；來去，二諦中都不可得。二、以爲八不都約了第一義諦的見地說，因爲在第一義空中，生滅、斷常、一異、來去都是不可得的。三是嘉祥釋。他舉出中國古三論師，如嘉祥大師，於八不的解說，曾提出三種方言，即以三種說明的方式來顯示八不。約取其義（不依其文），略爲三點：一、世諦遮性，眞諦遮假。二、世諦遮性，眞諦泯假。三、世諦以假遮性，眞諦即假爲如。此三種方言，以一二的兩種方言，才顯出第三種方言的究竟；他評價爲前二雖不徹底，也是一途的方便。這三種方言：一、雙遮性假，二、遮性泯假，三、即

〔註55〕印順講、續明記：《中觀今論》，正聞出版社，1992年，第23頁。
〔註56〕印順講、續明記：《中觀今論》，正聞出版社，1992年，第26頁。
〔註57〕印順講、續明記：《中觀今論》，正聞出版社，1992年，第99頁。

假為如，為說明八不的主要方法。

那麼印順法師本人是怎樣認識和解說八不緣起的呢？一方面，他肯定八不是緣起正法。他認為八不是緣起的眞相，八不的緣起，才是佛說的緣起正法。另一方面指出八不具有否定戲論的功用。「八不的緣起說，能滅除種種的煩惱戲論，種種不合理的謬論，不見眞實而起的妄執。因種種戲論的滅除，就是自性的徹底破斥，能證得諸法的寂滅。」〔註58〕他鄭重聲明「佛說最深法，是八不緣起；緣起是八不法，一方面是假名有，一方面是畢竟空。性空假名，在八不緣起中，開示眞實。……不理解緣起性空，所以就主張有極微色，刹那心，起我見、法見。執自我為我，執諸法為法，造種種業，受輪迴苦。佛為憐愍這些有情，所以為他們說八不的緣起法。使他們從緣起法中，悟解諸法空性，悉斷一切有無、常斷、一異、有邊、無邊等的諸見，證入寂滅。龍樹菩薩，見到緣起性空的殊勝，是佛法的關要，特據佛說，加以發揮闡述，使眾生更能把握緣起性空的心髓。」〔註59〕經過印順法師上述的闡述，讓我們對八不緣起的意義、目的和來歷有了一個清晰的印象。

八不緣起，這八者，是兩兩相對的，印順法師把它分做「四對」：生滅、常斷、一異、來出。他認為這「四對」都源於自性執。若論「以生滅、常斷、一異、來去等的戲論根源，皆源於自性執。」〔註60〕因此，如執有眞實自性的八法（四對），就不能理解說明世間的實相，所以一一的給以否定說：不生、不滅，不常、不斷，不一、不異，不來、不出。在這裡，印順法師指出，必須正確理解這「四對」其「不」的根據，即依緣起法而通達自性不可得。

八不分四對。印順法師認為要說明八不，須先從生滅等四對說起。首先，說生滅。生滅在佛法裏是重要的術語，三法印的諸行無常，即依生滅而說明的。對於無常生滅的一切，細究起來，可有三種：一、一期生滅，這是最現成的，人人可經驗而知的。如人由入胎到死去等，有一較長的時期，如四相所說。二、一念──刹那生滅，不論是有情的無情的，一切都有生滅相，即存在的必歸於息滅。三、佛法還說到另一生滅，可稱為大期生滅。眾生的生死流轉，是無始來就生而滅滅而又生的，生滅滅生，構成一生生不已的生存。

〔註58〕印順講、演培記：《中觀論頌講記》，正聞出版社，1992年，第54頁。

〔註59〕印順講、演培記：《中觀論頌講記》，正聞出版社，1992年，第565頁。

〔註60〕印順講、續明記：《中觀今論》，正聞出版社，1992年，第111頁。

他論證出生滅就是緣起的性質。假若「今依龍樹開示的《阿含》中道，應該說：緣起不但是說明現象事相的根本法則，也是說明涅槃實相的根本。有人問佛：所說何法？佛說：我說緣起。釋迦以緣起爲元首，緣起法可以說明緣生事相，同時也能從此悟入涅槃。依相依相緣的緣起法而看到世間現象界——生滅，緣起即與緣生相對，緣起即取得法性法住法界常住的性質。依緣起而看到出世的實相界——不生滅，緣起即與涅槃相對，而緣起即取得生滅的性質。」〔註61〕他還更進一步說到與生滅有關係的有與無。有與無，依現代的術語說，即存在與不存在。這有見、無見，佛法以生滅來否定它，代替它。一切法之所以有，所以無，不過是因緣和合與離散的推移；存在與不存在，不外乎諸法緣生緣滅的現象。然而「佛既說緣起事相是此有故彼有，此無故彼無，可見諸法實有自性的不可成立了。實有自性，即不能從有而無，即不能有變異。如說實有自性，又承認有變異相，這純是自相矛盾的戲論。」〔註62〕最後，他總結生滅與有無的關係爲「中觀者深研生滅到達刹那生滅，所以發揮生滅即有無，確立動的宇宙觀。但從念念生滅而觀相續的緣起，那麼有與生，無與滅，也不妨說有相對的前後性。這都約緣起假名相續的意義說。」〔註63〕在這裡，「生滅即有無」，只是一種「相對的前後性」，並無本質上區別。其次，說斷常。印順法師認爲，常，在釋迦時代的外道，是約時間變異中的永恒性說的。斷，是中斷，即不再繼續下去。例如外道執有神我，有此常住的神我，所以從前生到後生，從人間到天上，前者即後者，這種有我論者即墮常見。如順世論者，不信有前世後世，以爲現在雖有我，死了即什麼也完了，這即是墮於斷見的斷滅論者。印順法師認爲，常見、斷見的根源在於若法執爲實有，現在如此，未來也應如此，即墮於常見。若說先有而後無，即是落於斷見。「假使執著諸法決定有實在的自性，就應該以爲此法是始終如此的，以爲是常住不變的。這樣，就必然執著它是常，而落於常見的過失了！假使執著諸法決定是實無性，那就抹殺因果緣起，相似相續。那必然要執著它是斷，而犯斷見的過失了！爲什麼見斷見常都是過失呢？因爲諸法是常或斷，即違反緣起的相續，不知緣起正法了。」〔註64〕這就肯定，只要是執爲自性有，自相有的，是難於避免常斷過失的。最後他總結到「總之，不

〔註61〕印順講、續明記：《中觀今論》，正聞出版社，1992年，第38頁。
〔註62〕印順講、演培記：《中觀論頌講記》，正聞出版社，1992年，第259頁。
〔註63〕印順講、續明記：《中觀今論》，正聞出版社，1992年，第87頁。
〔註64〕印順講、演培記：《中觀論頌講記》，正聞出版社，1992年，第261頁。

見緣起眞義，那恆常與變化，變與不變，爲此常見、斷見所攝。」〔註65〕因此，悟解緣起也就是不斷不常。再次，說一異。印順法師認爲，一異，就是全體與部份。全體即是一，全體內的部份即異。緣起幻相，似一似異，而人或偏執一，偏執異，或執有離開事實的一異原理。最後，說來出。印順法師認爲，來出，出又作去。從此到彼曰去，從彼到此爲來。來去即是運動，本是一回事，不過看從那方面說罷了！世間的一切，我與法，凡是有生滅動變的，無不可以說爲來去。在上面四對中，生滅與其他三對之間的關係，印順法師認爲是「依佛的本義，緣起生滅，是約世諦安立的，以此空去妄執的斷常、一異、去來，即勝義的畢竟空。」〔註66〕今「佛爲說緣起的生滅，即洗除斷常、一異、去來等的自性執。」〔註67〕這裡，很明確地告訴我們，只有安立了緣起生滅，才能空去或洗除斷常、一異、去來等的自性執。究極而論，即生即滅的成立，也還是要無自性執，故而唯有無自性執，了知一切法自性空，而後緣起的即生即滅，無不成立。因此，可以說，上面所講的八不，要在破除眾生的自性執。因爲此自性見，通過時間性，即有常見、斷見；通過空間性，則有一見、異見。在時空的運動上，則有來去執；在法的當體上，則有生滅執。說到底，八者的根源，同出於自性執。

印順法師經過深入地研究，提出了這樣的問題：龍樹爲何只說這四對？爲什麼如此次第？他對第一個問題的答案是：「《阿含》的緣起論，是外順世俗，以生滅的正觀而遣除有無、常斷、一異、來去的。但由於某些學者的未能內契實性，淺見地分別名相，而不能如實正觀緣起，說生說滅，依舊落入有無的窠臼。所以深入緣起本性者，宣說不生不滅的緣起，遣除生滅——即有無的妄執，重行闡明釋迦的眞義。大乘的八不緣起，吻合釋尊的深義，而從施設教相的方便說，是富有對治的新精神。」〔註68〕可以看出，龍樹說四對是起對治作用的，對治的對象是「未能內契實性」、「分別名相」者，也就是「不能如實正觀緣起」者。接著他又回答第二個問題。他說：「這四對，說明法的四相。無論是小到一極微，大到全法界，沒有不具備此四相的，此四者是最一般而最主要的概念。我們必須記著，這四者是不能說爲前後次第的，

〔註65〕印順講、續明記：《中觀今論》，正聞出版社，1992年，第89頁。
〔註66〕印順講、續明記：《中觀今論》，正聞出版社，1992年，第99頁。
〔註67〕印順講、續明記：《中觀今論》，正聞出版社，1992年，第99頁。
〔註68〕印順講、續明記：《中觀今論》，正聞出版社，1992年，第90頁。

是說有次第，理非前後的。」〔註69〕不過，這四對卻與時間、空間關係密切。如將此有與無引入時間的觀察中，即必然地成為常見或者斷見。如將此有無、常斷，引入空間的觀察，即考察同時的彼此關係時，即轉為一見與異見。此一異為眾見的根本，比有無與斷常的範圍更擴大；它通於有無——法體，斷常——時間，更通於空間的性質。但這還是重於靜止的，法體實現於時、空中，即成為來去：或為時間的前後移動，或為空間的位置變化。法體的具體活動即來去，來去即比上三者更有充實內容了。此來去，如完滿的說，應為行、止，《中論·觀去來品》即說到動靜二者。所以，如以世間學者的次第說，即如此：

有無——法體

斷常——時間、法體

一異——空間、法體、時間

來去——運動、法體、時間、空間

如上面所說，中觀者是以此四相為一切所必備的，決無先後的。八不所不的八事四對，是一切法最一般的普遍特性。龍樹總舉此八事四對而各加一不字以否定之，雖只是不此八事，實已總不了一切法。「八事四對，為一切法的基本通性，八者既皆不可得，即一切法不可得；從此即可通達諸法畢竟空的實相。」〔註70〕從這裡我們可以看到，八不四對是「說有次第，理非前後」的，它是一切法的基本通性，其目的在於「通達諸法畢竟空的實相」。

四、緣起三性

印順法師從經義的通貫生滅及不生滅，依學派間的種種異說，將緣起總括為三性：相關的因待性、序列的必然性和自性的空寂性。

相關的因待性：在緣起中，起是生起，緣是果法生起所因待的。約從緣所生起的果法說，即緣生；約從果起所因待的因緣說，即緣起。緣起約因緣的生果作用說，但更重在為一切存在的因待性。唯有在緣能起果中，把握緣起相關的因待性，才能深入緣起，以及悟入緣起法性的空寂。

前面我們說過，緣起的定義，即是「此故彼」。此與彼，實泛指因與果。彼之所以如此，不是自己如此的，是由於此法而如此的，此為彼所以如此的

因待性,彼此間即構成因果關係。例如推究如何而有觸——感覺,即知依於六入——引發心理作用的生理機構而有的;六入對於觸,有著此有彼可有,此無彼必無的必然關係,即成因果。但緣起的含義極廣,不單是從緣而生起,也還是從緣而滅無,這又可以分爲以下幾點來說明:(一)外在因緣。「有因有緣世間集,有因有緣世間滅」,世間集,是由惑感苦,相順相生;世間滅,是由道斷惑,相違相滅的。這相生相滅,都是依於緣起的。因爲「人生宇宙的任何一種現象之生起,絕非孤立的,突然的,而是依種種關係條件(佛法中名爲因緣)的和合,循著必然的法則而生起與散滅的。所以任何現象,都不可作爲孤立的去理解。不可抓住一點,以爲一切由此而生,而忽略整體的,延續的與相關的觀察。一切依因緣和合所成,因緣是極複雜的,沒有單一因。佛從種種關係去瞭解現象,所以能超出二邊,得到中道」。〔註71〕因緣中的各種原因和條件,和合生果是極複雜的,「沒有單一因」的,更沒有自性的存在。「不過爲了記別,在眾多的關係性質中,把那主要的、明顯的特徵,隨從世俗立名,標立爲某法的自性,那裡可以想像爲自性存在的。」〔註72〕如由惑造業,由業感果,這是相順相生的。如推究如何才能滅苦?這必須斷除苦果的因緣——惑,即須修戒定慧的對治道。此對治道能爲斷惑的因緣,即相違相滅的。這就表明緣起的意義是:一切現象,一切存在,所以成爲這樣的現象,這樣的存在,並不是神意的,不是自然的,不是宿命的,也不是偶然的,而是依緣而起的。由此我們可以說「現實世界的一切,只是因緣關係的存在;在因緣關係的特定情形下,形成時空中的存在。(二)內在生滅。一切法所以能有生,有法的可以無,生法的可以滅,不僅由於外在的違順因緣,而更由於內在的可有可無、可生可滅,此可有可無、可生可滅的可能性,即由於緣起。存在——有與生起的本身,即含有生者必滅,有必歸無的必然性。因爲緣起法是依於因緣而存在的,凡是依緣而存在與生起的,那就不會是常恒不變的;存在的會歸於不存在,生起的終歸會盡滅。例如觸是依於六入而有而生的,那麼,觸即不離六入,沒有觸的獨存性。一旦作爲因緣的六入,起了變化或失壞了,觸也不能不跟著變化及失壞。這即是說:凡是依緣而起的,此生起與存在的即必然要歸於滅無。所以佛說緣起,不但說「此有故彼有」的生起,而且說「此無故彼無」的還滅。不過大乘從空門入,多說不生不滅,

---

〔註71〕印順著:《佛在人間》,正聞出版社,1992 年,第 195 頁。
〔註72〕印順講、續明記:《中觀今論》,正聞出版社,1992 年,第 152 頁。

但生滅與不生滅，其實是一。因而，依他而有而生，必依他而無而滅，這是深刻的指出緣起的內在特性。因此「中觀宗徹底的確立，緣起法是即生即滅的，這是《阿含經》的根本論題——是生也是滅；相對性與內在的矛盾性，為緣起法的根本性質。」〔註73〕它表明佛家說緣起、緣生，並不歌頌生生不息的至德，生與滅是平等觀的根本性質。在緣起法中，即每一法的生起，必須具備某些條件；凡是能為生起某法的條件，就稱為此法的因緣。不但是生起，就是某一法的否定——滅而不存在，也不是自然的，也需要具備種種障礙或破壞的條件，這也可說是因緣。佛法所說的集——生與滅，都依於因緣。這是在說明世間是什麼，為什麼生起，怎樣才會滅去。從這生滅因緣的把握中，指導人去怎樣實行，達到目的。這表明，內在生滅不僅能解釋世間生滅的道理，而且可以指導眾生如實修持和實踐自己的目標。（三）自性不生。印順法師認為生是緣起幻現的生，不是有一實在的東西可生，即自性不生；自性不生，則幻相滅，也非有實物可滅。若從實有的生滅看，則落斷常。從外在因緣來看，「一切都是因緣關係的生起、存在，因緣關係的消滅、空無，絕沒有離開其他而又能創造主宰（我）的獨存性。世人情意想像中常住獨存性的神我，在這裡無情地被否定了。」〔註74〕從內在生滅來看，即緣起而觀自性，生滅相即不可得，緣起即空；但如幻的緣起，即生即滅的流行，宛然如此！從中觀的見地來看，「時間是不能離開存在——法而有的，離開具體的存在而想像有常住不變的時間實體，是不對的。」〔註75〕因此凡是緣起的存在，必有時間相，有時間相才是緣起的存在。

序列的必然性：佛法說緣起，不但說明「此故彼」的因果關係，而且在因果中，抉出因果生滅的序列必然性。無明緣行等緣起的內容，就可以充分說明緣起序列的必然性的特質。如悟入十二有支，這決不止於別別的因果事實，而是從一切眾生，無限複雜的因果事相中，發見此因果的必然程序。自然、社會的發展變化，也說明了緣起是不變的因果規律。如發見日月沿著軌道有規律地運行，社會按照自身規律發展的各個必然階段。佛教發生的各種演化，也表明了緣起序列的必然性特徵。關於「人間的原始佛教，依佛法說，是緣起的存在。緣起的存在，要在彼此相關（或攝或拒）的前後延續中，發

〔註73〕印順講、續明記：《中觀今論》，正聞出版社，1992年，第47頁。
〔註74〕印順著：《佛法是救世之光》，正聞出版社，1992年，第152頁。
〔註75〕印順講、續明記：《中觀今論》，正聞出版社，1992年，第119頁。

見前後分位的特色。」〔註 76〕依中觀義來說，緣起的序列必然性，決非離事說理，應該是在緣能起果的作用中，現出此必然的理則。生死相續，似乎依照此理則而發展，佛也不過發見此因果事中的理則而已。

自性的空寂性：從緣起果的作用，有相關的因待性，有序列的必然性。此因待與必然，不但是如此相生，也如此還滅。如進一層考察，一切法的如此生滅，如此次第，無不由於眾緣。那麼，此有無生滅的一切法，即沒有自體，即非自己如此的。這即能從如此生滅次第中，悟入此是即空的諸行，並非是實有實無實生實滅的。彼此因待，前後必然，世間的因果幻網，似乎有跡可尋，而自性空寂，因果幻網即當體絕待，了無蹤跡。所以說：緣起是「宛然有而畢竟空，畢竟空而宛然有」。從此可見有無都要依緣起假名，才能成立；離緣起假名，實在的有無，都是邪見。但是，值得一提的是，緣起的如幻假有，也不是什麼都沒有的，可是它的本性又是空的，其「性之所以是空的，即由相的緣起性，唯有緣起才能顯出空寂性，這從別別事相以見事理之法性，由一切現有以達畢竟空性，比之『相與可相』，是更深入了！」〔註 77〕一方面，從如來的聖境來看，當初「如來出世，離此二邊說中道，即依緣起說法，使人體悟有無的實不可得。緣起法，即一切為相待的現象，因緣和合的假名。因緣和合的時候，現起那如幻如化的法相是有；假使因緣離散的時候，幻化的法相離滅，就是無。此有此無，離卻因緣不存在，也不非存在；不生也不滅。是緣起假名的，一切性空的；有無生滅宛然，而推求諸法實性不可得的。緣起性空中，離有離無，離非有非無，滅一切戲論。」〔註 78〕這也說明，緣起的本質是凡是存在，沒有無因而自然的；沒有常恒的、獨立的；一切的一切，是關係的存在。因關係的和合而現在，因分離而轉化。另一方面，從眾生的凡境來看，緣起是相對的假名，眾生為無明所蒙蔽了，不見緣起的本性空寂，也就不知無常無我的業果延續。然而，一切是緣起如幻的，緣起是絕無自性，相依相待而似現矛盾之特性的。因此，眾生必須依緣起法正觀，不起有見與無見，這樣，如心能契合緣起，得正知見，不再迷惑顛倒，就能破除生死的癥結而得解脫了。並且在聞思學習時，即應把握自性空寂不可得，而幻現為緣起的相待義，可依此深入，不失中道。

〔註 76〕印順著：《原始佛教聖典之集成》，正聞出版社，2002 年，第 63 頁。

〔註 77〕印順講、續明記：《中觀今論》，正聞出版社，1992 年，第 158 頁。

〔註 78〕印順講、演培記：《中觀論頌講記》，正聞出版社，1992 年，第 250 頁。

五、緣起定律

印順法師說：「我以根本佛教的立場，綜合各家所說的共通點而觀察之，可以說：緣起是一種理則。」〔註79〕因此，他在緣起三性的基礎上，又形成了他的緣起的三個定律。對於緣起的三個定律，他是這樣認識的：

流轉律：這一定律是緣起法的根本律，是現象界的必然定律，也是流轉法的普遍理則。它依緣起而說明緣生；緣起是因果事實所顯的必然理則，一切皆不能違反的定律。修證解脫，實踐「佛法，是從現實身心活動（推而及外界），瞭解一切是依於因緣，進而發見因果間的必然法則——緣起而悟入的。」〔註80〕因而，這一定律具有極為重要的意義。它的主要內容集中在「此有故彼有，此生故彼生」偈語中。這一內容表明了常人共喻的因果事理：由有此因，故有彼果。佛教「依『此有故彼有，此生故彼生』的定律，建立意欲為本的世間因果。十二緣起的因果相續，是流轉門。然流轉的緣起法，不是個別的因果事相，是在無限複雜的因果幻網中，洞見因果的必然系列。個別的因果事相，名為緣生法。因果事相中，看出他必然的系列，即有情流轉的必然階段；因果事相，總不出此必然的理則。」〔註81〕但是在現實中，一切諸法卻形成相對差別。這是因為在緣起的和合中，眾生是形成一獨立的單位，自他間現出彼此的差別，各成一單元而不斷的延續。雖然息息相關，人與人間沒有絕對的獨立性，而因緣和合所現起的形相，有相對的差別。如水與冰：水本是無分別的，一味相融的；但結成的冰塊，就各各不同。但佛陀卻能在這平凡的事理上，發現一種真理：凡是存在，都不能離開因緣關係而單獨存在。如此存在而不如彼存在者，必有其原因與助緣。現實世界之所以忽此忽彼，忽有忽無，有千差萬別的變化不同，都是由於它的因有所不同。這就表明「一切因果事象的所以必然如此，都有他的必然性，可說一切事象都是依照這必然的理則而生滅、成壞。這必然的理則，是事象所依以成立的，也即是因緣。」〔註82〕

我們知道，佛的緣起觀，是和合相續的因果觀。因此，佛法的悟解緣起，也是如此，是從因果事實而悟解因果理則的。事實上，緣起因果的理則是極

〔註79〕印順講、妙欽記：《性空學探源》，正聞出版社，1992年，第52頁。
〔註80〕印順著：《華雨集》，第三冊，南普陀寺慈善事業基金會，2002年，第191頁。
〔註81〕印順著：《以佛法研究佛法》，正聞出版社，1992年，第97頁。
〔註82〕印順著：《佛法概論》，正聞出版社，1992年，第141頁。

為複雜的。首先，我們從緣起的成立看，緣起是依於無我而成立的。當初「佛依無我的緣起，成立非常而又不斷的生死流轉觀；也就依緣起的（無常、苦）無我觀，達成生死的解脫：這就是不共世間的，如實的中道。」〔註83〕眾生的三世流轉，是建立在緣起的基礎上的，不過其究竟仍是依無我而成立。我們可以看到，「然依佛法的特勝義，三世流轉，是成立於無常無我的緣起觀上。肯定一切的物質、精神、生命，都在息息變化中，沒有絲毫是不變的。在無常無我的身心活動中，生命是延續（不常）不斷的。因為所作的一切，雖然滅入過去，但並不等於沒有。對於身心的影響力──業力，是決定存在的。這等於說：所作所為的一切行為，轉化為『動能』而不失。等到現有的生命變壞了，似乎中斷，而存在的『動能』──業力，卻引發而開展為新的身心活動，新的生命。」〔註84〕其次，從因果能所的關係看，從「中觀者世俗諦安立──施設諸法為有，不即是客觀實在性的如此而有，這與心識、根身有莫大關係，尤其不能離意識的名言而存在。若離開心識名言，即不能知它是如此如此而有的。但依於心識，不即是主觀的心識，所以與唯識者所見不同。所認識的是因果能所相依相涉的幻相，離開能所系即不會如此的，離開因果系也不會如此的，極無自性而為緣起──因果能所交織的存在。」〔註85〕眾生的心識所認識的幻相，只是因果能所交織的產物。實際上，一切是緣起相依的存在，即一切為因果的幻網；能知所知的關係，即為因果系中的一環。因果能所的關係，只說明了因果系中的一環，還不能完整表達因緣生果的過程，實質上，因緣與生果的關係是不即不離的。「佛法的因緣生果也如此，果不即是因緣，亦不離因緣，這是中觀宗的因果特義。」〔註86〕再次，從因緣的主因與疏緣來看，「一法的存在與生起，是由極其複雜，甚至說以一切法為因緣而起，但在極複雜的因緣中，有主因與疏緣，總是由主因（也不是唯一的）限定其特相，由種種疏緣助成他，如引業滿業之類。」〔註87〕諸法的生起，也就是因緣生果，是由主因與疏緣和合而成的。而佛法的「『十二支』說，只是說得更完備些，成為佛教緣起說的典型而已。」〔註88〕因此，我們可以

〔註83〕印順著：《華雨集》第二冊，南普陀寺慈善事業基金會，2002年，第31頁。
〔註84〕印順著：《學佛三要》，正聞出版社，1994年，第36～37頁。
〔註85〕印順講、續明記：《中觀今論》，正聞出版社，1992年，第160頁。
〔註86〕印順講、續明記：《中觀今論》，正聞出版社，1992年，第175頁。
〔註87〕印順講、續明記：《中觀今論》，正聞出版社，1992年，第179頁。
〔註88〕印順著：《成佛之道》，正聞出版社，1993年，第164頁。

從此看到，眾生生死的無始相續，就是從緣起的正見中發現出來。

　　凡能悟入此因果必然的理則，名為得法住智。要獲得法住智，就要觀緣起的如幻因果生滅相，通達諸法的無自性空的道理，這也就是緣起正觀。「觀緣起的幻相，是對緣起法的如是因生如是果的因果決定性，生正確堅固的認識，得諸法的法住智，理解因果幻相的歷然不亂。通達法性空，是觀因果幻相的本性空，生出世的涅槃智，悟入諸法畢竟空不生不滅。」〔註89〕觀緣起的幻相，就要像中觀者說：五蘊和合實（自性）我雖無，如幻的假我可有。由其法法都沒有實在性、常恒性，所以我不可立。法有，必定是如幻如化的世俗假有，才可以依以建立緣起因果。觀透了緣起的幻相，就可以明白因緣生果的現象，從而去掉實有的邪見。因為中道的緣起法，說明了緣起之有，因果相生，是如幻無自性之生與有，所以可離無因無果的無見，卻不會執著實有。與此同時，也就可以通達諸法的無自性空。在流轉律中，因為中觀者顯示諸法的存在，是因果系的：依因果緣起以說明它是有，也依因果緣起說明它的自性空。此外，「依中觀者說，假法才能成立因果，因為凡是因緣所成的法（也即是因果的關係）都是假法，假法即是無自性的，無自性才能安立因果幻相。」〔註90〕因此，依緣起建立因果，也就依緣起成立一切法自性本空。

　　根據因果的流轉律，不了知緣起，就不了知善惡因果的事相。反過來說，唯有能知因果緣起的本義，才能於因緣生法中，得有進而改善因果關係的下手處。因此，人生的痛苦，在緣起法則下，不但指出它有解脫的可能性，而且指出了解脫之道，不在因果法則之外。「生者必有死，崇高必墮落」，這是世間因果的必然法則，也是緣起法內在相對性的掘發，這可叫緣起的還滅律（還滅律的內容我們將在下面敘述）。所以，印順法師認為要改造現實，解除人生的痛苦，必須從因上著手。世界上所有的一切是因果關係的存在，因生起果就生起，因存在果就存在，一切生起與存在，全是由因緣來決定的，所以說：「此（因）有故彼（果）有，此生故彼生」，這是緣起的流轉律，說明人世現象的所以如此。逆轉來說，要解除人生的痛苦，依著緣起的理則說，必須從原因上給予解除，所以說：「此無故彼無，此滅故彼滅」。這也說明因緣說的主要意義，它指出較主要的切近的因緣來，以便於把握事象的原因所

〔註89〕印順講、演培記：《中觀論頌講記》，正聞出版社，1992年，第518頁。
〔註90〕印順講、續明記：《中觀今論》，正聞出版社，1992年，第176頁。

在而予以改善。上面我們講過的主因與疏緣，分清流轉律中的這種主因與疏緣及其他們之間的關係，是改造現實，解除人生的痛苦的重要門徑，也是緣起果法的必然要求。改造現實，解除人生的痛苦，按照因果的流轉律的道理，就要化惡爲善，進善離惡。「因爲法既從因緣生，則在因緣生法的關係中，什麼都不是固定的，可以改善其中的關係，使化惡爲善，日進於善而離於惡。若看成自性存在的，已有的，那不是化惡爲善，不過消滅一些惡的，另外保存一些善的。」〔註91〕緣起法門，我們前面說過它是反對自性見的。如果在因緣生法的關係中存有自性見，那麼在善惡問題上就不能做到化惡爲善、進善離惡，只能是滅惡存善。化惡爲善、進善離惡，既要注意離小惡，又要努力積小善。「這樣，依佛法講因果，是前後勢用展轉增盛的，不可以現在的一點小善小惡而忽之，因爲它積漸以久，勢用會強大起來而自得其果的。」〔註92〕

　　還滅律，總的來說，佛教的終極目的在於修行求得證眞解脫。要達到證眞解脫，也就要從流轉中擺脫出來，切斷生死之流，進入寂滅涅槃的境界。因此，緣起流轉的還滅律，是大小乘共的。

　　前面我們已經講過，印順法師認爲緣起簡單的定義是「此故彼」，流轉之生、有，是「緣此故彼起」；現在還滅的無、滅，是「不緣此故彼不起」，並不違反「此故彼」的定義。所以「此無故彼無，此滅故彼滅」的還滅，也是緣起理則的定律。還滅律，不違反緣起的定義，它依然是緣起的定律。它可以由緣起的「此生故彼生，因有故果有」的內容，反轉來推出：「此滅故彼滅，因無故果無」的含義。因爲緣起法，是依因託緣的存在。凡是依因緣的和合而有而生的，也必然依因緣的離散而無與滅；這本是緣起法含蓄著的矛盾律。所以反過來說：「此無故彼無，此滅故彼滅」，雜染苦迫的消散，稱爲還滅門。印順法師對於還滅的原因曾作過進一步的分解，因此，他認爲還滅也是緣起，它也是本緣起理則而成立的，不過特別轉過一個方向，對流轉的生滅，給予一種否定。表面看，這好像是矛盾，其實，凡物之存在，本性就包含有矛盾在；在「此生故彼生」的時候，早就矛盾的注定了「此滅故彼滅」的命運。這是事物本來的眞理，佛陀並非創新，只是把它揭示出來，安立爲緣起的第二律罷了。

〔註91〕印順講、續明記：《中觀今論》，正聞出版社，1992 年，第 170 頁。

〔註92〕印順講、續明記：《中觀今論》，正聞出版社，1992 年，第 173 頁。

在緣起的還滅律中，其中的「滅，即是涅槃的寂滅。……能悟入無爲寂滅的，名爲得涅槃智。滅，決不是斷滅，不是壞有成無，這是緣起法本性的實相。因爲因緣和合而有，因緣離散而無；可以有，可以無，理解到他的沒有眞實性。」〔註93〕我們知道，緣起是無自性的，它是「因緣和合而有，因緣離散而無」，根本沒有一點自性的，因此在緣起的還滅律中，實有的生滅不可得，病根在自性見。破除了自性見，就可以悟緣起法門，也就通達了緣起的還滅律。也就是說，洞見本性寂滅的滅諦，與正見緣起宛然的四諦，也是相成而不相奪的。針對著現實中的有、生，按照緣起的還滅律來說，就是要從因上著手截斷它，就歸於滅無了。但滅，並不簡單，還是要用另一種相剋的因來對治它，可以說是「有因有緣集世間，有因有緣滅世間」，這樣也就將緣起的意義進一步深刻化了。

中道空寂律：緣起法門中的「此滅故彼滅」的滅，是涅槃之滅。涅槃之滅，是純大苦聚滅，是有爲遷變法之否定。而涅槃本身，是無爲的不生不滅。涅槃的境界，只因無法顯示，所以烘雲托月，從生死有爲方面的否定來顯示它。如像大海的水相，在波浪澎湃中，沒有辦法瞭解它的靜止，就用反面否定的方法，從潮浪的退沒卻可以決定顯示水相平靜的可能。涅槃的境界也如是，要從生命流變的否定面給予說明。常人不解此義，或以爲涅槃是滅無而可怖的。這因爲眾生有著無始來的我見在作祟，反面的否定，使他們無法接受。那麼，要遣離眾生執涅槃爲斷滅的恐怖，必須另設方便，用中道的空寂律來顯示。

印順法師給中道空寂律下的定義是：涅槃之滅，要在現實的事事物物上，一切可生可滅、可有可無的因果法上，觀察它都是由因緣決定，自身無所主宰，深入體認其當體空寂。空寂，就是涅槃。這是在緣起的流轉還滅中，見到依此不離此故彼性空，性空故假名，可稱爲中道空寂律。並認爲這一定律是「諸法的實相，佛教的心髓」。其實，這也就是「八不緣起」的甚深義。從中道空寂律來說，生死流轉與涅槃解脫，都是建立在緣起法的基礎上的。對此，印順法師在其著作中反覆作了敘述。如他所說的：

「生死與涅槃，都依緣起而有可能。」〔註94〕

「佛說的生死與涅槃，都建立在緣起法上。」〔註95〕

〔註93〕印順著：《以佛法研究佛法》，正聞出版社，1992年，第97～98頁。
〔註94〕印順著：《華雨集》第二冊，南普陀寺慈善事業基金會，2002年，第29頁。

「佛法的緣起說是：依緣有而生死流轉，依緣無而涅槃還滅，生死世間與涅槃解脫，同成立於最高的緣起法則。」〔註96〕

「要知道，生死的流轉，涅槃的還滅，都是依緣起的世間而開顯的。」〔註97〕

「依緣起而現起緣生的事相，同時又依緣起顯示涅槃。」〔註98〕

「『此有故彼有，此生故彼生』，生死流轉依緣起而集。『此無故彼無，此滅故彼滅』，生死也依緣起而還滅。依緣而集起，依緣而滅，生死與涅槃（涅槃，或說為空性、真如等），都依緣起而施設成立。龍樹尊重釋迦的本教，將《般若》的『一切法空』，安立於中道的緣起說，而說：『眾因緣生法（緣起），我（等）說即是空』性。緣起即空，所以說：『不離於生死，而別有涅槃』。同時，迷即空的緣起而生死集，悟緣起即空而生死滅；生死與涅槃，都依緣起而成立。緣起即空，為龍樹《中論》的精要所在。」〔註99〕

「畢竟空寂，當然是緣起的實相。然而，緣起而寂滅，同時又即緣起而生滅，緣起法是雙貫二門的。」〔註100〕

「緣起的世間法，如幻、如化；出世的涅槃，『受諸因緣故，輪轉生死中，不受諸因緣，是名為涅槃』，也是依緣起的『此無故彼無，此滅故彼滅』而成立。」〔註101〕

「佛法，不出生滅的現象界與寂滅的涅槃界。這二者的聯繫，就是中道緣起法。緣起與空義相應，擊破了一一法的常恒不變性與獨存自在性。既在一一因果法上，顯示其『因集故苦集』為流轉界的規則，又顯示其『因滅故苦滅』為還滅界的規則。」〔註102〕

「佛說法不離緣起，而最常用的是十二緣起，一般稱之為業感緣起。其實，佛以生死及解脫為問題核心，而十二緣起，就圓滿的開顯了這個問題。所以十二緣起有二門：一、流轉門，如說：『無明緣行……但為集成是大苦聚』，這說明了生死相續的生死序列。果必從因，推求觀察生死苦果的因緣而到達

〔註95〕印順講、演培記：《中觀論頌講記》，正聞出版社，1992年，第524頁。
〔註96〕印順著：《印度佛教思想》，正聞出版社，1990年，第95頁。
〔註97〕印順講、演培記：《中觀論頌講記》，正聞出版社，1992年，第9頁。
〔註98〕印順著：《佛法概論》，正聞出版社，1992年，第152頁。
〔註99〕印順著：《空之探究》，正聞出版社，1986年，第243～244頁。
〔註100〕印順講、演培記：《中觀論頌講記》，正聞出版社，1992年，第344頁。
〔註101〕印順著：《空之探究》，正聞出版社，1986年，第229頁。
〔註102〕印順講、妙欽記：《性空學探源》，正聞出版社，1992年，第54頁。

無明，也就是發見了無限生死的癥結所在。在『此有故彼有，此生故彼生』的緣起法則下，顯示了生死流轉的現實。二、還滅門，如說：『無明滅則行滅……如是老死憂悲眾惱大苦皆滅』。既然是果必從因，依因有果，那就發見了解脫的可能；也就是因滅果就滅，無因果不生了。在『此無故彼無，此滅故彼滅』的緣起法則下，開顯了涅槃還滅的眞實。生死與解脫，都依十二緣起而開顯，這是如來說法的肝心。」〔註103〕

「所以緣起論的相生邊，說明了生死流轉的現象；還滅邊，即開示了涅槃的眞相。」〔註104〕

印順法師以上這些話，我認爲，應包含這麼三層意思：一是緣起的流轉律和還滅律的成立，都必須依緣起法，這不僅體現了緣起法雙貫二門（指生死流轉門，涅槃還滅門）的圓滿深義，而且表達了緣起法，是可以貫通流轉律和還滅律的。二是緣起的流轉律和還滅律二者之間的聯繫，就是中道緣起法，中道緣起法也就可以顯示流轉律和還滅律。三是中道空寂律依然是緣起法的深義體現，它也可從生死與解脫的不同角度來說明流轉律和還滅律的本質。因此，這三個定律之間是可互通的，其實質，是三而一，一而三的。

從中道空寂律來看，就是要觀緣起，體空寂之性。印順法師說：「緣起與緣起性空寂，《阿含經》已有說到，而且是作爲佛法的特質，菩薩道的特質的。」〔註105〕以緣起本是開顯空義的，觀察緣起，悟到它的必然理性，歸於空寂，這是佛教宣說緣起的方法與目的。因此，緣起的空寂具有重要的意義。要了悟和通達空寂，首先應不離緣起，並從緣起而契入。因爲「佛說緣起，涅槃是緣起的寂滅，是不離緣起『此滅故彼滅』而契入的。」〔註106〕其次，要體認無常、無我的道理。在緣起法中，「說無常，即了知常性不可得；無我，即我性不可得；涅槃，即是生滅自性不可得。這都是立足於空相應緣起的，所以一切法是本性空寂的一切。常性不可得，即現爲因果生滅相續相；從生滅相續的無常事相中，即了悟常性的空寂。我性不可得，即現爲因緣和合的無我相；在這無我的和合相中，即了悟我性的空寂。」〔註107〕眾生依緣起法悟入無常性、無我性，即是通達法法的本性空寂，空寂就是涅槃寂靜，即是離

〔註103〕印順著：《寶積經講記》，正聞出版社，1992 年，第 110～111 頁。
〔註104〕印順著：《佛法概論》，正聞出版社，1992 年，第 152 頁。
〔註105〕印順導師著：《人間佛教論集》，正聞出版社，2002 年，第 191 頁。
〔註106〕印順導師著：《人間佛教論集》，正聞出版社，2002 年，第 38 頁。
〔註107〕印順講、續明記：《中觀今論》，正聞出版社，1992 年，第 31 頁。

常我等戲論邪見而實現解脫了。這裡告訴我們，通過觀因緣的無常、無我相，即可了悟空寂。這是根據緣起法並從緣起的因果生滅，認取其當體如幻如化起滅無實，本來就是空寂，自性就是涅槃。空寂本性而定的。再次，要掃除自性見。印順法師認爲「唯有佛法，尋求此自性而極於不可得，徹了一切唯假名（也有能依所依的層次），一切畢竟空，掃盡一切有情所同病的，也被人看作人同此心，心同此理的戲論——根本的自性妄執，徹底體證一切法的實相，即無自性而緣有，緣有而無自性的中道。」〔註108〕在這裡，他指出掃盡了自性妄執，才可體證緣起無自性的實相——空寂。

以上三個定律，綜合起來看，它們都是從緣起法的展開而來，與緣起法是不即不離的。「緣起法的有與生，無與滅，都是『此故彼』的，也就是依於眾緣而如此的。『此故彼』，所以不即不離，《中論》等的遮破，只是以此法則而應用於一切。」〔註109〕其實緣起法就是以這三個定律來看待一切諸法的。如果要掌握和運用好這三個定律，就必須悟解緣起法。悟解緣起法要靠般若大慧的獲得，「正觀緣起，即能遠離戲論，這是般若大慧的妙用。」〔註110〕在佛理知解上，如果不理解緣起法，就不能通達性空；不通達性空，就有自性見的戲論；有了實有的自性見，就不能見到滅除妄見的安隱寂靜的涅槃法。也就不能體證緣起的空寂性，也就不可能掌握好這三個定律。在修證解脫上，「如離緣起而說修說證，必流於外道的窠臼，失去佛教的正宗。」〔註111〕也就根本談不上正確運用好這三個定律。

第二節　性空觀：揭示勝義的理性

一、性空實義

印順法師認爲佛法演化到大乘佛法時代，空與空性，成爲非常重要，可說是大乘佛法的核心。這與龍樹菩薩在《中論》所弘揚的中觀思想具有密切的關係。龍樹菩薩，對空義有獨到的闡揚，爲學者所宗仰，成爲印度佛教大乘佛法的一大流。在中國，龍樹被推尊爲大乘八宗的共祖。在印度佛教史上，

〔註108〕印順講、續明記：《中觀今論》，正聞出版社，1992年，第117頁。
〔註109〕印順著：《空之探究》，正聞出版社，1986年，第228頁。
〔註110〕印順講、演培記：《中觀論頌講記》，正聞出版社，1992年，第542頁。
〔註111〕印順講、續明記：《中觀今論》，正聞出版社，1992年，第239頁。

龍樹可說是釋尊以下的第一人！

　　與緣起義的甚深一樣，印順法師深感空義也是甚深的，而且極難通達。在大乘法中，空被稱為：「甚深最甚深，難通達極難通達的。」「緣起相海，是甚深難測的，但還有甚深更甚深，難測更難測的緣起空寂性呢！」〔註112〕「初期聖典中的空性，並無空所顯性的意義；只有『出世空性』，是甚深的涅槃。」〔註113〕出世間空性，是聖者所自證的；如來所說而與之相應，也就甚深了。出世間空性，是難見難覺，唯是自證的涅槃甚深。緣起義的甚深，印順法師認為是由緣起的本性決定的，這裡的空義甚深，他也是這麼認為的。他說：「種種空的所以是空，是『本性爾故』，所以可說『本性空』是一切空的通義。」〔註114〕所以並非是某個人喜歡空，他加以探究，而後通達了一切法空，而是法的本性如此。因為一切法本無相，所以眾生才能得到解脫，否則解脫便是不可能的事。但是，在佛法中，如果不能很好的理解空義，就會墮入懷疑論、詭辯論的深坑。「然而，空義到底是甚深的，不能善見性空大意，以為空是什麼都沒有，那就不但不能在性空中得到法益，反而有極大的危險，落於一切如龜毛、兔角都無所有的惡見，墮入懷疑論、詭辯論的深坑。」〔註115〕也就更談不上從佛法的解脫道中出離了。這是因為空與空性，是佛法解脫道的心要，與解脫道是不相離的。

　　從整個佛教史來看，空是佛法中最普遍最重要的大事，是大小乘學派所共的。不過，有程度上的深淺、偏圓，正確或錯誤罷了！印順法師站在中觀的立場上，提出自己對於「空」、「空性」的認識：

　　一是空與空性可以相互替代的。在印順法師的不同著作中，空既可以指諸法的無自性，又可以指主體的一種證悟境界。現在我們先舉出印順法師對「空」指諸法的無自性敘述，如「空宗的空，是自性空，當體即空，宛然顯現處即畢竟空寂，畢竟空寂即是宛然顯現。」〔註116〕空是空無自性，自性不可得，所以名空，不是否認無自性的緣起。再來看他對「空」指主體的一種證悟境界的敘述，如「離一切煩惱而畢竟空寂，以空來表示涅槃。實際上，涅槃是不可表示的；空與不可得等，都是烘雲托月式的表示涅槃。」〔註117〕

〔註112〕印順著：《青年的佛教》，正聞出版社，1992年，第31～32頁。
〔註113〕印順著：《空之探究》，正聞出版社，1986年，第54頁。
〔註114〕印順著：《印度佛教思想》，正聞出版社，1990年，第98頁。
〔註115〕印順講、演培記：《中觀論頌講記》，正聞出版社，1992年，第444頁。
〔註116〕印順著：《無諍之辯》，正聞出版社，1995年，第27頁。
〔註117〕印順著：《空之探究》，正聞出版社，1986年，第118頁。

空，即是超脫了這自性的倒亂錯覺，現覺到一切真相。所以空是畢竟空，是超越有無而離一切戲論的空寂，即空相也不復存在，這不是常人所認為與不空相待的空。然而，既稱之為空，在言說上即落於相待，也還是假名安立的。空的言外之意，在超越一切分別戲論而內證於寂滅。這唯證相應的境地，如何可以言說？所以說之為空，乃為了度脫眾生，不得已即眾生固有的名言而巧用之，用以洗蕩一切，使達於「蕭然無寄」的正覺。因此，他以為，「空」不只是否定詞，離妄執煩惱是空，也表示無累的清淨、寂靜。空性，是空的名詞化。同樣，空性也既可以指諸法的無自性，又可以指主體的一種證悟境界。我們先看他對空性指諸法的無自性的敘述，如「空性，不是沒有，而是緣起法的本性——普遍的，永恒的絕待真實。」〔註 118〕在這裡，空性是意指即一切法而又超一切法的。不過用世間的名言來顯示，總不免被人誤解。空性就是一切法的真相，一切法的本來面目。再看他對空性指主體的一種證悟境界的敘述，如「空性，指諸佛（聖者）證悟的內容，或稱自證境界。」〔註119〕這是稱空性為佛性的深義。無定性而稱之為空，不是什麼都沒有。因此，我們所知所見的一切，是空的，但是因果必然，見聞不亂的。依此以求諸法的自性，了不可得；徹悟此法法無性的不可得，即名為空性。從這裡，我們很容易看出，印順法師對空與空性的使用是含混的，基本採取一種對等的方法，經常互換運用在其不同的著作中。

　　二是空或空性融攝貫穿三法印。空之所以能融攝貫穿三法印，是因為三法印就是空性的表現和展開。其實「三法印是法性空寂的不同表現，三解脫門也是『同緣實相』，同歸於法空寂滅。」〔註120〕我們「從相對而進入絕對界說，法是空性，真如，也稱為一實相印。從絕對一法性而展開於差別界說，那就是緣起法的三法印——諸行無常性，諸法無我性，涅槃寂靜（無生）性。」〔註 121〕而「空，這就是佛法的不共之法。『諸行無常，諸法無我』，都是依此而顯示出來。」〔註 122〕如無常有自性的，那就不成其為無常了。因為諸行是性空的諸行，所以無常性，無我性，無生性。佛說三法印，無不在性空中成立。說「無常是空初門」，瞭解諸行的無常，就能趣入性空了。因此從

〔註 118〕印順著：《我之宗教觀》，正聞出版社，1992 年，第 94 頁。
〔註 119〕印順著：《佛法是救世之光》，正聞出版社，1992 年，第 210 頁。
〔註 120〕印順著：《佛法是救世之光》，正聞出版社，1992 年，第 183 頁。
〔註 121〕印順著：《以佛法研究佛法》，正聞出版社，1992 年，第 2～3 頁。
〔註 122〕印順著：《華雨集》第五冊，南普陀寺慈善事業基金會，2002 年，第 73 頁。

佛教思想開展中去研究，更使我們理解性空的深刻正確，這不妨從三法印去觀察。印順法師還具體而又詳細進行分析，並提出怎樣從三法印來理解。他認為要瞭解空，須從這三方面去理解：（一）、世間沒有「不變性」的東西。這就是諸行無常，諸法既沒有不變性，所以都是無常變化的。從否定不變性說，就是空。（二）、世間沒有「獨存性」的東西。一切事物都是因緣假合，小至微塵，大至宇宙，都是沒有獨存性的，所以無我。從否定獨存性說，也即是空。（三）、世間沒有「實有性」的東西。常人總以為世間事物有他的實在性，這是一種錯覺，剖實的推求起來，實在性是不可得的；實在性不可得，也即是空。三法印從否定的方面說——泯相證性，即是顯示空義的。三法印就是指諸行無常、諸法無我和涅槃寂靜。印順法師從三法印的三個方面敘述了他的空義。一是無我即空。「空是無自性的意思，一切法的本性如此，從眾緣生而沒有自性，即沒有常住性、獨存性、實有性，一切是法法平等的空寂性，這空性，經中也稱為法無我。」〔註 123〕無我、無我所，就是空的本義。但無我與空，並非性質有什麼不同。「唯有在性空論中，才能圓見諸法無我的真義，佛法不共世間的特色。」〔註 124〕二是無常即空。「無常等即是空義，三印即是一印。無常等即是空義，原是《阿含經》的根本思想，大乘學者並沒有增加了什麼。」〔註 125〕「無常、無我即是空的異名，佛說何等明白？眼等諸行——有為的無常無我空，是本性自爾，實為自性空的根據所在。這樣，一切法性空，所以縱觀（動的）緣起事相，是生滅無常的；橫觀（靜的）即見為因緣和合的；從一一相而直觀他的本性，即是無常、無我、無生無滅、不集不散的無為空寂。因此，無常所以無我，無我我所所以能證得涅槃，這是《阿含經》本有的深義。」〔註 126〕一切法是性空的，所以是無常的；假名如幻，即生即住即滅。三是涅槃即空。說一切法如幻化，涅槃也如幻化，如幻如化（依龍樹論）是譬喻空的。所以應當了知空——即無常無我涅槃，是佛法中的最高真理，應遍觀一切法空。總而言之，「依性空宗真義說：無常、無我及涅槃不生，即是畢竟空的方便假說；常性不可得，我性不可得，生性不可得。一空一切空，三法印即是一實相，無二無別，見必頓見。如未能通達無自性空，不但無常、無我不見真諦；觀無生也還有所滯

〔註 123〕印順著：《佛法概論》，正聞出版社，1992 年，第 158 頁。
〔註 124〕印順著：《華雨集》，第四冊，南普陀寺慈善事業基金會，2002 年，第 97 頁。
〔註 125〕印順講、續明記：《中觀今論》，正聞出版社，1992 年，第 32 頁。
〔註 126〕印順講、續明記：《中觀今論》，正聞出版社，1992 年，第 33 頁。

呢！」〔註127〕從這裡可以理解到，用三法印中的無我、無常和涅槃來說空，都是一種「方便假說」，還不是空本身。如以手指月，還不是月自身一樣。為了空的正確的開展，印順法師按照空或空性融攝貫串三法印的精神，對偏於事相或理性的看法提出了批評。他直接指出：「一分學者重視事相，偏執生滅無常與無我；一分學者特別重視理性，發揮不生不滅的性空，這才互不相諒而尖銳的對立起來。他們同源而異流，應該是共同的教源，有此不即不離的相對性，由於偏重發展而弄到對立。」〔註128〕

三是空是無生、無自性的。先看空是無生的，空是本性空；空亦不可得，即是無生。「然在中觀的諸部論典中，處處都說空，空即不生，空即是八不緣起的中道。」〔註129〕再看空是無自性的，中觀所說的空，不是都無所有，是無自性而已。「空是無自性，一切因緣生法，因果法則，無不是無自性的。」〔註130〕凡是存在的，無一不是緣生的。所以說：未曾有一法，不從因緣生。凡是從因緣生的，無一不是空無自性的。實有的緣生法，決定沒有的。所以說，是故一切法，無不是空者。空是空無自性，自性不可得，所以名空，不是否認無自性的緣起。這裡的無生與無自性，其實是一致的。值得一提的是，空雖然是無自性的，但是空也可以指是一種「自性」，這種「自性」可稱為「究極自性」、「勝義自性」和「無自性的自性空」等。如：「論到空與自性，一方面，自性是即空的，因為自性是顛倒計執而有的，沒有實性所以說自性即是空。然不可說空即自性，以空是一切法本性，一切法的究竟真相，而自性不過是顛倒、妄執。但以究極為自性說，空是真實，是究竟，也可能說空即（究極）自性。」〔註131〕還有自性空，不是說自性是無的，而是說勝義自性（即諸法空相）是不生不滅，不垢不淨、不增不減的。「諸法和合生，所以沒有自性，這是無自性的自性空；也與眾緣和合生故無自性，緣起的無自性空相同。但在《般若經》中，這還是十八空的一空，把握這一原則而徹底發揮的，那是龍樹的緣起（無自性故）即空了。」〔註132〕「依龍樹論說：空性是一切法的實性，也可名為（勝義）自性。空性是不生不滅，非有非無的；依因緣力，

〔註127〕印順講、演培記：《中觀論頌講記》，正聞出版社，1992年，第316頁。
〔註128〕印順講、續明記：《中觀今論》自序，正聞出版社，1992年。
〔註129〕印順講、續明記：《中觀今論》，正聞出版社，1992年，第36頁。
〔註130〕印順講、演培記：《中觀論頌講記》，正聞出版社，1992年，第467頁。
〔註131〕印順講、續明記：《中觀今論》，正聞出版社，1992年，第80頁。
〔註132〕印順著：《空之探究》，正聞出版社，1986年，第185～186頁。

而說爲生滅有無。」〔註 133〕空宗的空，是自性空，當體即空，宛然顯現處即畢竟空寂，畢竟空寂即是宛然顯現。從此我們知道，一方面，自性是即空的，但另一方面，從法的究極意義上來說，空即自性。關於這一點，不可不引起注意。此外，這空無自性，是無相的，「事實上一切法空即是無相，若仍然還是有相則便不成其爲空了，所以眞正的空一定是無相的。」〔註 134〕但它又是有「假相」的。這比喻無自性空，但空不是完全沒有，而是有種種假相的。假使什麼都沒有，也就不會舉這些做比喻，而應該以石女兒等來做喻了。所以，如幻等喻，譬喻自性空，又譬喻假名有。也就因此，一切法即有即空的無礙，開示佛陀的中道。其實「性空者的空，是緣起宛然有的。」這其中的「有」就是這種「假相」的「有」。

　　四是蘊空不二。印順法師首先非常明確地肯定蘊空不二。五蘊是即空的五蘊，蘊空不二。沒有離五蘊的空，也就沒有離空的五蘊了。「五蘊的空無自性，阿含裏有明白的譬喻，如說：『觀色如聚沫，觀受如水泡，觀想如陽焰，觀行如芭蕉，觀識如幻事』。所以從性空的見地來看，五蘊是性空的，是根本佛教的眞義。」〔註 135〕五蘊，是物質精神的一切，能於此五類法洞見其空，即是見到一切法空。其次從五蘊中的「色」來分析。如：「從理論上說，色（一切法也如此）是因果法，凡是依於因緣條件而有的，就必歸於空。」〔註 136〕「由於虛空的無礙性，不但不障礙物質，反而是物質——色的活動處。換言之，如沒有虛空，不是無礙的，物質即不可能存在，不可能活動。因此，虛空與物質不相離，虛空是物質的依處。佛法所說的空或空性，可說是引申虛空無礙性的意義而宣說深義的。空，不是虛空，而是一切法（色、心等）的所依，一切法所不離的眞性，是一切法存在活動的原理。換言之，如不是空的，一切法即不能從緣而有，不可能有生有滅。這樣，空性是有著充實的意義了。」〔註 137〕組成有情的六種，心色固是不即不離的，而與空也是相依不離的。「中觀者說：一切法是因緣和合生的，緣生的諸法中，雖有顯現爲色法的形態，而且是有粗有細的。不論爲粗的細的，都是無常、無我而自性空寂的。」〔註 138〕再次從十二處、十八界等來

〔註 133〕印順著：《空之探究》，正聞出版社，1986 年，第 250 頁。
〔註 134〕印順著：《華雨集》第一冊，南普陀寺慈善事業基金會，2002 年，第 129 頁。
〔註 135〕印順講、演培記：《中觀論頌講記》，正聞出版社，1992 年，第 113 頁。
〔註 136〕印順講，演培、續明記：《般若經講記》，正聞出版社，1992 年，第 182 頁。
〔註 137〕印順著：《佛法是救世之光》，正聞出版社，1992 年，第 178～179 頁。
〔註 138〕印順講，演培、續明記：《般若經講記》，正聞出版社，1992 年，第 78 頁。

說。佛說此十二處，主要的顯示空無自性。「以此十八界明無我，而十八界各各是眾緣所成的，求其實性不可得，故也是畢竟空寂。」〔註139〕綜上所述，這都是因為空性即一切法的實相，即一一法的究極真理，並非離別別的諸法而有共通遍在之一體的緣故。

印順法師認為探索佛教思想的關要，性空者的最為深刻正確，可說明白如繪。這是說性空者對性空的看法不僅是正確的，而且是重要的。然而，一切眾生，因不見性空如實相，所以依緣起因果而成為雜染的流轉。眾生之所以生死流轉，就因為不能正見性空。為了眾生離卻邪見、正見性空和解脫涅槃，從佛陀開始就注重空的闡揚。當初佛陀談空，目的在引我們窺見緣起的真相。這是因為正見性空就能讓眾生離卻種種的邪見的原因。一是破除眾生的迷空執有。一般來說，眾生本來執有，佛所以說空教化。空，就是離一切戲論而不執著。「眾生迷空執有，流轉生死，要令眾生離邪因、無因、斷、常、一、異等一切見，體現諸法的空寂，得大解脫，佛才宣說空義。」〔註140〕二是離卻眾生的煩惱執見。如「我說佛法以見修行為主，譬如說空，《中論》說：『如來說空法，為離諸見故』。《阿含經》說：『空於五欲』；『空我我所』；『空於貪，空於瞋，空於癡』。空，是為了離煩惱而說的。」〔註141〕我們要知道，佛教所以說諸法性空，不是說宇宙萬有的真實性是空，而是為了要我們離卻種種錯誤的執見的。這一點在《中論》中也有強調，如《中論》卷二中說：「大聖說空法，為離諸見故；若復見有空，諸佛所不化」。然而，這種正見的性空仍然是一種「假名說」。之所以說之為空，乃為了度脫眾生，不得已即眾生固有的名言而巧用之，用以洗蕩一切，使達於蕭然無寄的正覺。《大智度論》是這樣說：「為可度眾生說是畢竟空」；《中論》青目釋也說：「空亦復空，但為引導眾生故以假名說。」我們假使不知空也是假名的安立，為離一切妄見的，以為實有空相或空理，就可能產生兩種不同的倒見：一、以為有這真實的空性，為萬有的實體；一轉就會與梵我論合一。二、以為空是什麼都沒有，即成為謗法的邪見。明白了因緣生法是空的，此空也是假名的，才能證悟中道，不起種種邊邪見。從這裡，我們就可以看到，以假名說性空的重要意義。印順法師在佛法的修證中正確地運用性空見地分辨空宗與有空的歧義，從而看

〔註139〕印順講，演培、續明記：《般若經講記》，正聞出版社，1992年，第192頁。
〔註140〕印順講、演培記：《中觀論頌講記》，正聞出版社，1992年，第452頁。
〔註141〕印順著：《華雨集》第五冊，南普陀寺慈善事業基金會，2002年，第283頁。

出空宗與有空的根本區別之處。雖然「各方面說的有所不同，我們應該抉擇而條貫之，攝取而闡發之，使它更接近空的真義，不要形成宗派與其他宗派對立起來。」〔註 142〕佛法等到大乘分化，如虛妄唯識者的依他自相有，真常唯心者的真如實不空，就是有宗；而龍樹學系，才是名符其實的空宗（空宗並非不說有）。如印順法師所說：「然而我敢說，破相顯性，不是空宗的空，決非《般若經》與龍樹論的空義，反而是空宗的敵者——有宗。」〔註 143〕因此，印順法師認為《新論》（指熊十力的《新唯識論》）以空宗為破相，可說全盤誤解。「如誤解般若，以空宗為破相，以空宗為有實性可顯，莫名其妙的贊成一番，辯護一番，又反對一番，這是不可以的！不知為不知，《新論》還是莫談般若好！」〔註 144〕最後，印順法師在《評熊十力的新唯識論》一文中指出：「其實他（指熊十力）所知道的空，是唯識學者——有宗所說的空，根本不知道空宗是什麼。」此外，印順法師還運用他的性空見，論證其他宗派之間的區別。如「我曾學習三論宗，所以論證牛頭宗的『道本虛空』，『無心合道』，是與東山法門的『入道安心』相對抗的」〔註 145〕等等。

　　印順法師認為「空」具有立破的功能。他說：「離開性空，批評別人，答覆別人，都不行；依性空，那就一切都可以了，這似乎過於為性空鼓吹。其實，這是事實，空確有立破的功能。」〔註 146〕不可不知道，性空不但不破壞一切法，反而一切法由性空而能成立。若依空宗說，空，不但不破一切法，反而是成立一切，這是空宗獨到的深義。他還舉出當初「龍樹立足在一切法空，一切法是假名緣起的，這才能善巧的破立一切。」〔註 147〕並把龍樹學的立破善巧歸納為兩點：一、世出世法，在一個根本定義上建立，就是世間的生死，是性空緣起，出世的生死解脫，也是性空緣起。二、聲聞法與菩薩法，同在解脫生死的根本自性見上建立，就是聲聞人在性空緣起上獲得解脫，菩薩人同樣在性空緣起中得解脫。動、出、來、去、行、住，都在諸法性空中建立的，若說諸法不空，來去等等都不可立。在「空」的立破功能中，印順法師著重強調的是「立」的功能。如「龍樹說一切法空，意在成立，深刻的

〔註 142〕印順講、妙欽記：《性空學探源》，正聞出版社，1992 年，第 12 頁。
〔註 143〕印順著：《無諍之辯》，正聞出版社，1995 年，第 22 頁。
〔註 144〕印順著：《無諍之辯》，正聞出版社，1995 年，第 24 頁。
〔註 145〕印順著：《華雨集》第五冊，南普陀寺慈善事業基金會，2002 年，第 19 頁。
〔註 146〕印順講、演培記：《中觀論頌講記》，正聞出版社，1992 年，第 120 頁。
〔註 147〕印順講、演培記：《中觀論頌講記》，正聞出版社，1992 年，第 32 頁。

顯示一切法，不是破壞一切法。」〔註148〕空，是成立世出世間一切法的法則。他在著作中多處引用龍樹《中論》「以有空義故，一切法得成」的偈語來說明空的立功能。如：「唯有是空的，才能與相依相待的緣起法相應，才能善巧的安立一切。所以說：『以有空義故，一切法得成』。」〔註149〕這樣，有應永遠是有，無應永遠是無。但諸法並不如此，有可以變而為無，無的也可由因緣而現為有，一切法的生滅與有無，都由於無自性畢竟空而得成立。性空——無不變性、無獨立性、無實在性，所以一切可現為有。「所以佛說緣起，是空無我的緣起，才能建立一切。龍樹說：如有毫釐許而不空的自體，在理論的說明上，必定要發生常、斷、一、異、有、無的種種執著。所以一切法不空，不但不能破他，也不能自立。論說：『以有空義故，一切法得成』。這是說一切法必須在空中才能建立起來，才能立論正確，不執一邊，不受外人的評破，處處暢達無滯；這是本論立義特色之一。」〔註150〕生死流轉的惑業苦事，生死還滅的涅槃如來事，如執有自性，即是什麼也不能成立的，反之，一切都能善巧安立，決非破壞因果染淨（不空論者，是誤以為是破壞的）。在空的立功能中，印順法師認為正解空義具有重要的意義。「不特解脫生死，要從空而入（三解脫門）；就是成立世出世間的一切法，也非解空不可。」〔註151〕凡是存在的，必須依空而立。這是說：不管是存在的事物也好，理則也好，都必依否定實在性的本性而成立。正解空義要反對兩種錯誤傾向：一是空等於沒有。因為性空不是什麼都沒有，反而能善巧安立一切，此為中觀學者唯一的特義。而空，是真理中最高的真理，最究竟的真理。但一般人對於空，都有誤解，以為空是什麼也沒有了，於是懶惰疏忽，什麼也不去努力，這是極大的錯誤！從「中觀的性空者，說性空，是無實自性叫性空，不是沒有緣起的幻有。自性空的，必是從緣有的，所以一切可以成立。性空者所說，名詞是世俗共許的，意義卻不同。所以能以假名說實相，能言隨世俗而心不違實相。」〔註152〕二是空等於不空。如主張一切法是不空的，那不但破壞出世法，也破壞世間法。「中觀的性空者，如能確切的握住性空心要，一定會肯定的承認空是究竟了義的；認為空中能建立如幻因果緣起的；決不從空中掉出一個不空

〔註148〕印順講、演培記：《中觀論頌講記》，正聞出版社，1992年，第444頁。
〔註149〕印順講、演培記：《中觀論頌講記》，正聞出版社，1992年，第464頁。
〔註150〕印順講、演培記：《中觀論頌講記》，正聞出版社，1992年，第31頁。
〔註151〕印順講、演培記：《中觀論頌講記》，正聞出版社，1992年，第452頁。
〔註152〕印順講、演培記：《中觀論頌講記》，正聞出版社，1992年，第385頁。

－98－

的尾巴來！」〔註153〕如果克服了這兩種錯誤傾向，在一切法空中就能更好地完成空的立功能。

印順法師極力倡導空的積極的人生意義。他說：「空，不是抹煞一切，是淘汰；依現代的術語說，是揚棄。是從思想與行為的革新中，摧破情執中心的人生，轉化為正覺中心的人生。」〔註154〕眾生「大都依有明空，忽略反轉身來，從空去建立正確合理的有———一切實際的思想行為。今後應該在這方面特別注重發揮；否則空者忽略有，而談有者又不能圓解空義，使佛法不能得到健全的開展，汩沒佛法的覺世大用。」〔註155〕不過，空，容易被誤解成消極的，而實際上空是最積極的。如果這一推斷成立的話，那麼「空是什麼意義呢？因緣和合而成，沒有實在的不變體，叫空。邪正善惡人生，這一切都不是一成不變實在的東西，皆是依因緣的關係才有的。因為是從因緣所產生，所以依因緣的轉化而轉化，沒有實體所以叫空。舉一個事實來說吧，譬如一個人對著一面鏡子，就會有一個影子在鏡裏。怎會有那個影子呢？有鏡有人還要借太陽或燈光才能看出影子，缺少一樣便不成，所以影子是種種條件產生的，不是一件實在的物體，雖然不是實體，但所看到的影子，是清清楚楚並非沒有。一切皆空，就是依這個因緣所生的意義而說的。所以佛說一切皆空，同時即說一切因緣皆有；不但要體悟一切皆空，還要知道有因有果有善有惡。學佛的，要從離惡行善，轉迷啟悟的學程中去證得空性，即空即有，二諦圓融。一般人以為佛法說空，等於什麼都沒有，是消極，是悲觀，這都是由於不瞭解佛法所引起的誤會，非徹底糾正過來不可。」〔註156〕因此，得空慧的勝解之後，即能不怕生死輪迴的痛苦而努力地去度眾。接著印順法師舉出歷史上發揚空的積極意義的諸多事例加以說明。像世間學術事業，不違如實空性，故入世無礙於出世。如維摩詰長者，無量方便利益眾生。善財所參善知識，有醫師、數學家、語言學者、建築師、航海師、國王、法官等，並依自身所行，化導眾生入於佛道。不能「不知空是充滿革命的積極性的———太虛大師曾約空義，作大乘之革命。」〔註157〕其實，這種空義的延伸就是

〔註153〕印順講、演培記：《中觀論頌講記》，正聞出版社，1992年，第451頁。
〔註154〕印順講、妙欽記：《性空學探源》，正聞出版社，1992年，第3頁。
〔註155〕印順講、妙欽記：《性空學探源》，正聞出版社，1992年，第14頁。
〔註156〕宏印法師主編：《印順導師著作導讀篇》，印順文教基金會，2006年，第200頁。
〔註157〕印順講，演培、續明記：《般若經講記》，正聞出版社，1992年，第159頁。

菩薩道的精神。關於這一點，我們在後面還要詳說，此處不再贅述。

二、空之分類

空，是佛教各宗派所共同信仰的重要教義之一。印順法師分別從佛法及佛法的宗派對空進行分類。

從一切諸法來說，印順法師把空分為下面兩種類型：一是我空與法空。於有情身中我性不可得為我空，於其他一切法上自性不可得為法空。對於這兩種空，他認為，我空與法空本是沒有難易可分的。因為不悟依緣假有的性空，我空與法空皆不知；如能悟此理，那麼觀我即知我空，觀法也能知法空。佛於經中多說無我，依聲聞法而進一步的廣明菩薩法，故依我空為比喻而明法空。但論中也每每先觀法空，由法不可得而觀到我也是空。法空，我空，二者的原理是一樣的。

二是自空與他空。自空與他空係兩種不同的空觀。譬如觀花空，自空者說：花的當體就是空的。他空者說：此花上沒有某些，所以說是空，但不是花的本身空。這種他空論，早已根深蒂固而必然的與自性有論相結合。印順法師對兩種空總結道：「總之，自空乃即法的當體而明空，他空則在此法上空去彼法而明空的。所以中觀所說的世俗假名有，勝義畢竟空，他空論者是不能承認的。」〔註158〕

從佛法的宗派來看，印順法師認為中觀家對空的觀法不盡與他派相同。他站在中觀的立場把空之類型分為這樣兩大類：

一是從宗派的角度出發，分為三種空。這三種空在《大智度論》卷一二中有所記載，其具體內容為：一、分破空。天台家又叫做析法空。就是在事事物物的觀察上，利用分析的方法，理解它假合的無體空。比如舉某物為喻，將某物析至極微（又名為鄰虛），再分析到無方分相，即現空相。這是從佔有空間的物質上說，若從佔有時間者說，分析到剎那——最短的一念，沒有前後相，再也顯不出時間的特性時，也可以現出空相。分破空就是採用這種分破的方法，來分析時空中的存在者而達到空相的出現。二、觀空。又名為唯識空。就是在感情的苦樂好惡上，一切法常是隨觀念轉變而出現的虛假空相。十遍處觀等，就是此一方法的具體說明。這種觀空的方法，是從觀心的作用上來分析理解的，達到知所觀的外境是空。這種境相空的最好例子就是，比

〔註158〕印順講、續明記：《中觀今論》，正聞出版社，1992年，第77頁。

如有一女人，冤仇看了生瞋，情人見了起愛，兒女見了起敬，鳥獸望而逃走。之所以出現這種種不同的好惡、美醜等感覺，都是隨不同的觀心轉變出現的，而境自身是無實體的。三、本性空。又稱爲自性空。它既不是境空，也不是境不空，而觀想爲空。它是指觀察一切法的自性，本來就是空的。《般若經》中講十八空時，著重強調的就是這種自性。自性空，就是任何一法的本體，都是不可得而當體即空的。「這是本性空，自空，不是他空，這才是中道的眞實正觀。」〔註159〕因爲一切法從因緣生，緣生的只是和合的幻相，從眞實的自性去觀察是沒有絲毫實體的，因此這種自性空是從緣生無自性下手，根本沒有自成、常住、獨立的自性，但是它不是否定破壞因果，而是說一切都是假名。印順法師對這三種空都提出了自己的見解。首先，他認爲（分破空）這種方法，並不能達到一切皆空的結論，反而成爲實有自性的根據。如分析極微至最後，有說有方分的，有說無方分的，也有說有方而無分的，但無論如何，最後總是有實在性的極微。因此分破空是有一定的局限性的。其次，對於觀空，他認爲，觀空也同樣的不能達到一切法畢竟空，因爲觀空即限定它要用能觀的心以觀外境不可得的，能觀心的本身，即不能再用同一的觀空來成其爲空，所以應用觀空的結果，必然地要達到有心無境的思想。境空心有，固也可以爲了達空義的方便，然在某種意義上講，不但所空的不能徹底，而將不當空的也空掉了。還有更爲嚴重的，是「它忽略了假法的緣起性，即是說，他們不承認一切法是緣起的。因此，一方面不能空得徹底，成增益執；另方面，將不該破壞的緣起法，也空掉了，即成損減執。」〔註160〕因此，觀空不僅受到自身的制約，而且會產生妄執。一言以蔽之，分破空和觀空都不符合中觀派的要求。因這兩種空「不能盡契中道。龍樹菩薩所發揮的空義，是立足於自性空的，不是某一部份是空，而某些不空，也不是境空而心不空。」〔註161〕自性空是當體即空的，與中觀派的見地切合。印順認爲這種自性空可直接擊破根本自性見。

　　二是從修習空觀的角度，分爲三種空。這三種空在《大智度論》（卷七四）也有說明。它們分別爲：一是三昧（心）空。這是就修空觀——三三昧的時候，在能觀的心上所現的空相說的。如十遍處觀，在觀青的時候，一切法皆

〔註159〕印順著：《寶積經講記》，正聞出版社，1992 年，第 118 頁。

〔註160〕印順講、續明記：《中觀今論》，正聞出版社，1992 年，第 73 頁。

〔註161〕印順講、續明記：《中觀今論》，正聞出版社，1992 年，第 73 頁。

青，觀黃時一切法皆黃，青黃等都是觀心上的觀境。這樣，空也是因空觀的觀想而空的。這等於說，空是觀心想像所成的，不是法的本相。這樣，必執有不空的，不能達到也不會承認一切法空的了義教說。二是所緣（境）空。與三昧空相反，是所緣的境界是空的，能觀心這才託所緣空境而觀見它是空。此所緣空，是能觀不空，與前三空中的觀空相近。不過，觀空約境隨觀心而轉移說，所緣空約所緣境無實說。三、自性空。這是中觀的空義。約緣起法的因果說，從緣起而知無自性，因無自性而知一切法畢竟皆空。綜合來說，在這三種空中，若偏於三昧空或所緣空，從認識論上說，不能即緣起知空，即不能達到一切法空的結論。只有觀自性空，才可能通達一切法空。

三、性空現觀

　　佛教修行的終極目標是生死解脫，印順法師認為通達空性是眾生獲得生死解脫的唯一途徑。他說：「解脫道必歸於空──近人有云：佛法之發揚空義，與解脫生死有必然關係，這話很對。」〔註162〕佛法「為要安立解脫涅槃，必然要說空；就是經說緣起，在『此生故彼生，此有故彼有』的流轉律後，還要歸結到『此滅故彼滅，此無故彼無』──一切歸空的還滅律。由是可見一切空在解脫道中，是必然的歸趣點。」〔註163〕此外，「批評別人，建立自己，在言說上，尚且要依空，解脫自然更非空不可了！」〔註164〕所以解脫生死，必須通達空性。這是因為從空而入的依人乘而進趣佛乘，不是貪戀世間，在性空的正見中，才能觀生死無常而不致退失的緣故。

　　在這裡，我們不禁要問：通達了空性是什麼樣的？用什麼方法才能通達空性呢？我們來看印順法師是怎麼看的。第一個問題，他說：「通達空性是什麼樣的，在後得智中，以世間語言、思想表達出來。法性是這樣那樣，其實這已不是真實的，因為有相可得，所以名相見道，真見道時，般若是無相的，沒有一切相，空相也沒有。」〔註165〕這就告訴我們，通達空性其實是無相見道。第二個問題，他的回答是：「不生不滅等三句，是描寫空相的，空性既不是言思所能思議，這只有用離言思的方法去體證。如我們未能證得，不解佛

〔註162〕印順講、妙欽記：《性空學探源》，正聞出版社，1992年，第111頁。
〔註163〕印順講、妙欽記：《性空學探源》，正聞出版社，1992年，第113頁。
〔註164〕印順講、演培記：《中觀論頌講記》，正聞出版社，1992年，第122頁
〔註165〕印順著：《華雨集》第一冊，南普陀寺慈善事業基金會，2002年，第261～262頁。

說的意趣，那就是佛再說得多些，明白些，也只有增加我們的誤會。這如從來沒有見過白色的生盲，有人告訴他說：如白鶴那樣白，盲人用手捫摸白鶴，即以為白是動的。有人告訴他說：不是動的，白如白雪那樣白，盲人又以為白是冷的。結果都不能得到白的本相，我們對於真理──空性，也是這樣。所以佛不能為我們直說，不能用表顯的方法，而用遮顯的，這如繪畫的烘雲托月法，從側面的否定去反顯他。」〔註166〕可見，通達空性的方法，只有用離言思的方法去體證。也就是說，一切法空，必須由證悟方能得到。

通達空性的方法，初聽起來似乎有點玄妙，其實對於虔誠的佛教徒來說並不離奇。印順法師就認為如果積集無量福德智慧資糧，就有可能獲得通達空性的方法。他說：「大乘學者，尤應以菩提願為依，大悲心為本，真空慧為方便，廣行無邊大行，積集無量福德智慧資糧，才能圓修止觀加行而頓入空性。」〔註167〕相反，若沒有福智資糧的積集，即夢想悟入空性，這是不可能的。資糧不足，悲心不足，常會落於小乘的但空偏真。在無量福德智慧資糧中，印順法師強調的是眾生的信戒。他說：「平等空性的體悟，豈是無信、無戒者所能成就的！」〔註168〕正如龍樹所說：「若信戒無基，憶想取一空，是為邪空」。可見，正確的真空見，要在深信因果，淨持戒行等基礎上，才能求得。

眾生只有積集了福德智慧資糧，才可能獲得通達空性的方法。印順法師認為，這也是修行解脫的重要方法。現在我們把這些方法概括為如下幾點：

一是體悟般若。如從覺證來說，空是一切法的真實性，是般若──菩提所覺證的。「如依佛法，大乘佛法的中觀見，唯識見來說，般若體悟的諦理，名為空性、真如等。這是一得永得（證不退），為凡夫與聖者的差別所在，決沒有一般人也能偶而得到的。」〔註169〕這是世俗知識──常識的、科學的、哲學的知識所不能通達，唯有無漏無分別的智慧才能體悟的。不過空性，眾生的體證，是有淺深的。而為一切聖者所共證，是沒有差別的。

二是觀照法相。觀照法相，又可細分為四種：（一）觀照一法。空是一切法普遍而根本的真理，大至宇宙，小至微塵，無不如此，即無不是緣起無自

〔註166〕印順講，演培、續明記：《般若經講記》，正聞出版社，1992年，第186～187頁。
〔註167〕印順講、續明記：《中觀今論》，正聞出版社，1992年，第252頁。
〔註168〕印順著：《華雨集》第四冊，南普陀寺慈善事業基金會，2002年，第279頁。
〔註169〕印順著：《華雨集》第三冊，南普陀寺慈善事業基金會，2002年，第218～219頁。

性的。如能在一法達法性空，即能於一切法上通達了。「究極的、遍一切一味的共相，即空相，空是法法如此而平等普遍的，不是可以局限爲某一法的。佛弟子眞能於一法而悟入此平等空性，即於一一法無不通達，因爲是無二無別的。」〔註170〕在觀照一法中也可以直接觀照一切法。一切法空性或寂滅性，是一切法的眞實性，所以要從一切法上去觀照體認，而不是離一切法去體認的。（二）照見五蘊。甚深空義，要從五蘊（物質與精神）去照見，而不是離色心以外去幻想妄計度的。「觀五蘊而證入空相，空相是不離五蘊，而可說就是五蘊的；就是五蘊的實相，五蘊的本性。」〔註171〕（三）觀色即空。色即是空與空即是色，在修持上是觀法，是趣入空相的方便。「修證的主要目標，正是即色觀空而契入空相。……所以觀空而契入空相，就是轉迷爲悟，轉凡成聖的關棙所在。」〔註172〕（四）觀物而悟。空性，是要在具體的事實上去悟解，依有明空，空依有顯，若離開了具體存在的事物，也不知什麼是空了。從深入法性的空理說，這空理──空性，也必須在具體法相上去體悟它。「所以在法法的可生可滅、可有可無中，深入事物的根本核心，體見到一切是關係的，沒有實性的有、無、生、滅，一切是不實的假名，本性是畢竟空寂的。所以畢竟空寂，不是抹煞了一切生、滅、有、無的現象而破壞諸法。反之，空寂正是掘發了諸法生、滅、有、無的眞實相。」〔註173〕

　　三是觀察緣起。觀察緣起，也可再分三種：一是依緣觀空。這是依緣起而觀空性。如要悟證性空──寂滅，必須從緣起的相續和合中觀察，「依中觀者說，性空要於生死輪迴──緣起因果中去瞭解，要從即空的緣起中去觀察即緣起的空，決非離緣起而談不生。若於緣起沒有深刻的瞭解，悟解空性是不可能的，也必是不正確的，會發生極大的流弊。」〔註174〕佛法的正常道，應先於緣起的因果善惡得善巧，再依緣起而觀空；或先觀性空不礙緣起，即緣起而觀性空。「性空是緣起內在的實性，唯有徹底的深觀緣起海，才能洞見它。你以爲這是沈空滯寂嗎？不是的，凡是能廣觀世間相的，沒有不同情世間；深入緣起性空的，沒有不齊死生、等染淨。」〔註175〕這種依緣觀空似存在一種先後關係，先要瞭

〔註170〕印順講、續明記：《中觀今論》，正聞出版社，1992 年，第 154 頁
〔註171〕印順著：《佛法是救世之光》，正聞出版社，1992 年，第 196 頁。
〔註172〕印順著：《佛法是救世之光》，正聞出版社，1992 年，第 197 頁。
〔註173〕印順著：《佛法是救世之光》，正聞出版社，1992 年，第 151 頁。
〔註174〕印順講、續明記：《中觀今論》，正聞出版社，1992 年，第 237～238 頁。
〔註175〕印順著，《青年的佛教》：正聞出版社，1992 年，第 31～32 頁。

解緣起的因果關係，而後再依緣起而觀空，也就是要「先得法住智，後得涅槃智」。二是否定相對。一切法沒有不是相對的，相對的即是緣起幻相，不能顯示即一切又超一切的空性。佛教把這些相對的都否定了，從此否定的方式中顯示絕對的空性。「這從有空的相對性而觀察彼此相依相成，得二諦無礙的正見，也即是依緣起觀空，觀空不壞緣起的加行觀，為證入諸法空相的前方便。」〔註176〕這種否定相對的方法，先要否定相對的緣起幻相，獲得二諦無礙的正見而悟入空性。因為「諸法畢竟空性，要以二諦無礙的正觀去觀察的。假使不能以不礙緣起的正觀去觀空，那就不能知道空的真義。」〔註177〕

三是破除妄執。這種妄執包括我執和法執。因為破除了妄執，般若慧就會現前。空性亦不過假名而已。空性，不是言語思想所能及的，但不是不可知論者，倘能依性空緣起的正論來破除認識上的錯誤——我執法執，般若慧現前，即能親切體證，故佛法是以理論為形式而以實證為實質的。

四是觀我法空。先說觀我空，觀我性空，須在五蘊的和合相續中觀察。此可分為總別的兩種觀察：一是別觀，即是於色受等上各各別觀。如觀色是我嗎？受到識是我嗎？二是總觀，即是於五蘊和合上，總觀無我。空，可說是符號，表示眾生所無法思議的，而可經空無我的觀照，而達如實體現的境地。再看觀法空。真正般若，則是觀一切法空，無自性，不生不滅，由分別到無分別，終而得到般若。「惟有當我們瞭解了一切法空，在一切法上不起執著，才可以得到解脫。」〔註178〕在佛教的實際觀我法空中，應要從我空入手。當觀法空時，又要從法空而反觀到我空。「若但觀法空，易起理在我外的意念，故必須從法空而反觀到我空。」〔註179〕最後，若通達到一切是無常、無我、一切法空，就不會如凡夫般的執著，可是相還是會現起。

從觀我法空的角度出發，印順法師又推理延伸出下面三種通達我空法空的方法：一是觀法生滅。如從音聲的緣起生滅關係，我們就可以體悟到甚深的無住空義。即觀現前的諸法不生，由此可證法空。「觀察諸法空無生性，即尋求法的自性不可得。自性以實在性為根本，而含攝得不變性、獨存性。所以觀察法空無生，也應從無常性、無我性而觀非實有性，即能入空無生性。」〔註180〕然

〔註176〕印順講，演培、續明記：《般若經講記》，正聞出版社，1992年，第183頁。
〔註177〕印順講、演培記：《中觀論頌講記》，正聞出版社，1992年，第461頁。
〔註178〕印順著，《華雨集》第一冊，南普陀寺慈善事業基金會，2002年，第131頁。
〔註179〕印順講、續明記：《中觀今論》，正聞出版社，1992年，第252頁。
〔註180〕印順講、續明記：《中觀今論》，正聞出版社，1992年，第250～251頁。

而「諸法既是假有假生的，自然也就可以假無假滅。從一切唯假名中，離卻諸法的眞實性，就是還滅入涅槃了。這是從流轉還滅中，離卻有無的執見，而達到一切法空性的。」〔註181〕二是破自性見。要知一切法空，是破眞實的自性，是不壞世俗假名的。我們知道「眾生爲普遍的成見──自性妄執所誑惑，聽見畢竟空，不能不驚慌而恐怖起來！」〔註182〕如今我們若欲通達我空法空，唯一的是從擊破自性見一門深入，所以說三乘同一解脫門。若消除了錯誤的根本自性見，即可悟到諸法的無自性空，進入聖者的境地。如性空者破斥實有者，原則很簡單，就是用他自己的手，打他自己的嘴，顯出他的矛盾，使他知道自己所執爲實在有的一切，不成其爲實在。離卻實在的自性見，這才瞭解如幻的緣起。反過來說，如不承認諸法性空，而主張有自性，就無有性空義。不解空性，那苦、集、滅、道的四諦事，一切不成立。印順法師提出破自性見的方法，應從觀察自性不可得下手。具體來說，有二種方法：（一）、無常觀。如觀諸法如流水燈焰，一方面觀察諸法新新生滅，息息不住；另一方面即正觀爲續續非常。由此無常觀，可以悟入空義，通達一切法空性。（二）、無我觀。觀一切法如束蘆、如芭蕉，束蘆，此依彼立，彼依此立，彼此相依不離，無獨存性，又如芭蕉層層抽剝，中間竟無實在性。經中每以此等比喻，說觀緣起諸法性空。三是斷除無明。自性見的根源在於無明，因此無明斷，自性見也就自然根除。眾生不能通達法性──空性，就是無明。因眾生無始以來，無明所蔽，不達緣起的假名即空，執著自性有，自相有，便是生死根本。但是「這一切，本來是緣起的，因無明的蒙蔽，不能正視這一切，不瞭解這一切本性空，所以生死的流轉，是無明者所造作的；在有智者，是不會爲這一切自己束縛自己的事的。」〔註183〕所以，推求原委，是由無明的不能正見我法的性空，以爲是實有的而貪愛它。由貪愛追求，造作種種的善惡業，而構成生死流轉的現象。一切法本性不可得，眾生以無明而執爲實有。如童孩見鬼神塑像，不由地害怕起來，因爲不知假名無實，執有實鬼，聞名執實，這是眾生不得解脫的唯一根源。這種無明，是以有所得心求一切法而導致的。對於無明的斷除，印順法師認爲，要修智慧，直到般若現前，才能達到。他強調的仍然是佛教修證工夫的重要。這裡，順便說一下，通過佛教修證所獲

〔註181〕印順講、演培記：《中觀論頌講記》，正聞出版社，1992年，第258頁。

〔註182〕印順講、演培、續明記：《般若經講記》，正聞出版社，1992年，第87頁。

〔註183〕印順講、演培記：《中觀論頌講記》，正聞出版社，1992年，第540頁。

取的智慧，印順法師認爲是可以通達法空的。他說：「今菩薩般若以無所得慧照見五蘊等一切法空，由此離我法執而得解脫。從理論上說，以一切法本不可得，說明蘊等所以是空；從修證上說，即以無所得慧所以能達到一切法空性。」〔註184〕雖然空慧的發生，要依於禪定，但是，他肯定，這種由修觀而後深入獲得的智慧，就是進入法空性證悟的重要資源。

第三節　二諦觀：揭示凡聖的境界

一、二諦意義

　　印順法師認爲二諦就是爲眾生說法的巧妙方法。諸佛的教化，是依二諦而爲眾生說法的。因爲眾生的根性不同，爲了達到根機與佛法相應，佛法因而安立了二諦的方式。可以說，二諦是從不同的認識程度而安立的兩種眞實。

　　佛法的目的，在於引導眾生轉迷啓悟，而引導的方法，即以二諦爲本，故對二諦的意義應求得確當的瞭解。關於這一點，印順法師認爲佛教的論典和教義都是很重視的。他在著作和說法中經常引用論典中的話來說明這個道理。如《中論》說：「諸佛依二諦，爲眾生說法，一以世俗諦，二第一義諦。若人不能知，分別於二諦，則於深佛法，不知眞實義。」《十二門論》說：「若不知二諦，則不知自利、他利、共利。」再如「從教義說，佛以二諦的方式爲眾生說法，故對於二諦不能確當辨別，即對於佛法也不能瞭解。」〔註185〕

　　二諦，爲佛法中極根本的論題。印順法師經過對二諦的深入研究分析，提出了自己對於二諦的深刻見地。一是從弘揚純正佛法的需要來說，二諦安立爲應機的善巧。因爲「佛爲眾生說法，不能不安立二諦；如沒有相對的二，那就一切不可說了。」〔註186〕眾生「求勝義的佛法，是要於世間一切法，離顛倒迷惑而通達實義，這是安立二諦的根本意趣。」〔註187〕而諸佛說法，是有事理依據的，這就是依二諦。依二諦爲眾生說法，就必須要求：第一，以世俗諦；第二，以第一義諦。不懂二諦，結果自然要反對空了。二是從整個佛法的認知系統來說，二諦揭示了兩種不同的認識境界。二諦是佛法的綱要，

〔註184〕印順講，演培、續明記：《般若經講記》，正聞出版社，1992年，第198頁。
〔註185〕印順講、續明記：《中觀今論》，正聞出版社，1992年，第205頁。
〔註186〕印順著：《空之探究》，正聞出版社，1986年，第258頁。
〔註187〕印順著：《空之探究》，正聞出版社，1986年，第258頁。

若空若有，都是依此而開顯的。當初「佛說二諦，指出了世俗共知的現實以外，還有聖者共證的真相。」〔註188〕實際上，二諦啓示著法有常識的與特殊的兩類，這是大家一致的說法。佛法的目的，就是在常識世俗上去體認特殊的勝義。三是從教化眾生從迷啓悟、從凡入聖的功能來說，二諦爲立教的根本方式。佛說二諦，令眾生悟解不二中道，不是令眾生聞有著有，聞空滯空的，目的在使人依世俗諦通達第一義諦。「佛爲引導眾生，依二諦說法，說此說彼——生死與涅槃，有爲與無爲，緣起與空性。」〔註189〕中觀者說二諦，重在世俗於眾生而成諦，破除世俗諦而引凡入聖。二諦都是攝化眾生的方便，說有說空，這只是世俗的假名說，真實是不落於有空的不二中道。

印順法師認爲二諦與緣起性空的意義是一致的。「緣起法是假有，我不可得是勝義空。《勝義空經》的俗數法（法假）有，第一義空，雖不是明確的二諦說，而意義與二諦說相合。」〔註190〕而且認爲二諦與《中論》和龍樹的觀點也是相符的，但是三諦說與《中論》和龍樹的觀點是相違背的。如「我以爲，《中論》但明二諦，說《中論》明三諦，是違明文，違頌義的。」〔註191〕「說緣起即空、亦假、亦中《迴諍論》說緣起、空、中道是同一內容），而只是二諦說。即空即假即中的三諦說，不是龍樹論意。」〔註192〕

佛法是強調應機說法的，因此二諦的立教方式也要隨時空的變化而有所改變。「佛陀說法立制，就是世諦流佈。緣起的世諦流佈，不能不因地、因時、因人而有所演變，有所發展。儘管法界常住，而人間的佛教——思想、制度、風尚，都在息息流變過程中。由微而著，由渾而劃，是思想演進的必然程序。因時、因地的適應，因根性的契合，而有重點的或部份的特別發達，也是必然現象。」〔註193〕從佛法的觀點來說，這種改變完全是爲契合根性的需要而作出的，不能是人爲的。就二諦本身來說，二諦並觀的證境，不是言說思惟所及的。我們說諦，是正確不顛倒義，與實在不同，它是真實而不顛倒的，是從認識的符合對象而說的。這也就是說，二諦揭示的認識境界與其對象應始終相應。

〔註188〕印順著：《成佛之道》，正聞出版社，1993年，第341頁。
〔註189〕印順著：《空之探究》，正聞出版社，1986年，第265頁。
〔註190〕印順著：《空之探究》，正聞出版社，1986年，第83頁。
〔註191〕印順著：《華雨集》第五冊，南普陀寺慈善事業基金會，2002年，第109頁。
〔註192〕印順著：《空之探究》，正聞出版社，1986年，第259頁。
〔註193〕印順著：《華雨集》第五冊，南普陀寺慈善事業基金會，2002年，第52頁。

二、二諦內容

　　二諦是指世俗諦、勝義諦，也稱俗諦、眞諦，或世諦、第一義諦。世俗諦，指凡夫的常識境界，表顯世俗世間各式各樣的虛妄流變的事相。勝義諦，指聖者自覺的特殊境界，隱含非凡夫所共知的諦理。從眾生來說，覺（慧）證清淨法界性——勝義諦，迷了即成世俗諦。因此二諦又稱爲凡聖二諦或有空二諦。它表示了凡夫聖者的境界不同、觀點不同，佛法爲契入這種差別不同的根機，而安立這二種眞實的度眾方式。

　　先說世俗諦。諦，指有不顚倒而確實如此的意思。然而世俗是浮虛不實的，何以也稱爲諦？印順法師認爲世俗雖是虛妄顚倒，但在世俗共許的認識上，仍有其相對的確實性、妥當性。一切世俗法，從世間的立場，也可以分別錯誤與不錯誤，世俗諦表示出世間的眞實。「世俗的所以名諦，是因一切虛妄如幻的法，由過去無明行業薰習所現起的；現在又由無明妄執，在亂現的如幻虛妄法上，錯誤的把他認作是眞實。他雖實無自性，然在凡夫共許的心境上，成爲確實的。就世俗說世俗，所以叫世俗諦。如以這世俗爲究竟眞實，那就爲無始的妄執所蒙昧，永不能見眞理。」〔註194〕在這裡，他也指出，這種諦是凡夫的境界，凡夫從無始以來，有無明故，執一切法有自性，以爲一切法都是眞實自性有的。因此，世俗有對於凡夫而可稱爲諦，這是不究竟的眞實。聖者通達了如幻假名，那麼世俗就成爲非諦。因爲世俗的事相，本來就是顚倒虛妄的，不能稱爲諦。雖然如此，他認爲世俗諦還是值得重視的，「在人類，不能不尊重共同的一般認識（世俗諦）。」〔註195〕

　　由於世人對於一切因果緣起如幻法，不知它是虛妄的，總以爲它是眞實的。對於這些世俗幻相，印順法師認爲有的可爲世俗諦，有的雖爲世俗有而不能爲諦的事實。「世俗幻相，雖可以名爲世俗諦，但也有世俗而非諦的。如上帝、梵、我、梵天，這不特眞實中沒有，就是世俗中也是沒有的。又如擠眼見到外物的躍動，坐汽車見樹木的奔馳，乘輪船見兩岸的推移，不是世俗所共同的，所以就世俗說也不能說是眞實的；不可以名爲世俗諦。」〔註196〕在世俗諦中，印順法師進一步分解出正世俗和倒世俗。它們分別是由常態的與變態的凡夫所認識的境界而引起的。人類一般認識的世俗境，可分爲常態

〔註194〕印順講、演培記：《中觀論頌講記》，正聞出版社，1992年，第455頁。
〔註195〕印順著：《學佛三要》，正聞出版社，1994年，第50頁。
〔註196〕印順講、演培記：《中觀論頌講記》，正聞出版社，1992年，第457頁。

的與變態的。常態的，即人類由於引業所感報體——根身的類似性，由此根身——生理觸境所引起的認識，有著共同性與必然性。但此中也有二：一、如青黃等色，於正常的眼根、眼識及一定的光線前，大家是有同樣認識的。這些，現有諦實性，常人極難瞭解爲虛妄亂現，即名爲正世俗。二、幻、化、水月、陽焰、谷響等等，人類所共見共聞，易於瞭解它的虛妄無自性，是易解空。變態的，或是根的變異，如眼有眚翳，身有頑癬，也有因服藥而起變化。或是識的變異，或過去曾受邪僞的薰習，或現受社會的、師長的、以及宗派的薰陶，或出於個人謬誤推理所得的錯誤結論，或以心不專注而起的恍惚印象，以及見繩爲蛇、見杌爲人等等，這些都可以由正確知識而給予糾正，揭破它的錯謬。這些境相的誑惑，根身的變異，心識的謬誤，雖是世俗的，而在世俗中也不是諦實的，即可以世智而瞭解爲虛妄的。因此，這些都屬於倒世俗。正世俗和倒世俗都不切合佛法的真相。爲了眾生離俗還真，印順法師提出了糾正的辦法。這正世俗與倒世俗的分別，即以一般人類的立場分別而產生的。在倒世俗解中，屬於根的變異，可由醫藥等糾正。屬於心識的錯亂，如執繩爲蛇，執世界爲上帝所造——錯覺、幻覺，可以由一般正確的知識來破斥。屬於境相的誑惑，如童稚也執爲實有，但由於知識的發展，常人即易於瞭解是空了。在正世俗中的色等，常人也見爲真實的，雖難於瞭解非真，但經勝義的觀察，即能了悟爲虛妄的性空的。從聖者看凡夫，也等於成人看童稚一樣。這些辦法，雖可糾正一些世俗見，但要真正悟解世俗諦，歸根結底還是要通達諸法無自性空，了見諸法的真相。

再看勝義諦，勝義即指聖者由般若慧而悟達的境地，從世俗事相的相對意義來說，它含有三義。勝義諦，是本性空寂，離一切戲亂相，較世俗，名勝義。勝義有三義：一、究竟而必然如此的，二、本來是如此的，三、遍通一切的。故經中稱此爲法性、法住、法界。勝義諦不可想像爲什麼實在本體，或微妙不思議的實在。雖聖者的覺境，可通名勝義，但佛法安立二諦，是著重於一切法空性。從聖者的境界來說，它包含兩層含義：一是指空性。這空性，是與眾生於一切現象而執爲實有相反，是聖者即於似有的現象中，知道的無自性空。二是指如實與真實。這如實與真實，是與眾生顛倒，於無性法中執有自性，亂相亂執相反的，而與聖者能見諸法無性，畢竟皆空相應的。所以勝義諦也即是真實諦。勝義諦是眾生追求的終極目標，它是眾生從迷執境界轉入到聖覺所要獲得的境界。眾生因無明妄執，計一切法爲真實有的，

由此引起生死流轉。只有證悟勝義諦，於一切法得通達，才是最上的陀羅尼。因此，要獲得解脫，就必須了悟諸法是非實有的，悟得法性本空，通達勝義的實相。

印順法師認為凡夫只知世俗諦，聖者才通達二諦。凡聖、有空二諦，為大體而基本的方式。但二諦原是聖者所通達的，在聖者的心境中，也還是可說有二諦的。凡夫的情執，只知（不能如實知）有世俗而不知有勝義，聖者則通達勝義而又善巧世俗。聖者通達二諦，其境界只知世俗諦的凡夫是不可了知的。如極樂世界妙好莊嚴，為佛自利利他功德成就。其境界非俗諦所能了知。如言青、黃、赤、白、柔軟，均非如世所知，因世間境界乃妄識所了別。諦者，眾所共認。俗諦雖為俗所共認，但非真知。若第一義諦（亦作勝義諦），乃離煩惱聖人所證之特殊境界。所見實相，雖是無二無別，而種種異相，仍是差別羅列。如極樂世界所現之種種事相，乃即理而事，事理無礙之境界，非俗人妄識所了知，乃菩薩般若之所觀也。從聖者的境界說，具足二諦，從淺深上，可分為不同的二諦。印順法師根據聖者對二諦認識的不同境界差別，分為三種二諦。一、實有真空二諦。這是聲聞者的境界，在他們的世俗心境中，是有自性相現前的，與一般凡情所現的，相差不遠，但不執著實有而已。二、幻有真空二諦。此二諦是利根聲聞及菩薩，悟入空性時，由觀一切法緣起而知法法畢竟空，是勝義諦。從勝義空出，起無漏後得智——或名方便，對現起的一切法，知為無自性的假名，如幻如化。此又可名為事理二諦，理智通達性空為勝義，事智分別幻有為世俗。三、妙有真空二諦。此無固定名稱，乃佛菩薩悟入法法空寂，法法如幻，是一念圓了的聖境。對於這三種二諦，印順法師認為都是符合大乘佛法教義的，只是對佛法的真實悟解的程度不同。它們之間是融通無礙的，不可執著任何一種二諦。「即真即俗的二諦並觀，是如實智所通達的，不可局限為此為勝義，彼為世俗。但在一念頓了畢竟空而當下即是如幻有，依此而方便立為世俗；如幻有而畢竟性空，依此而方便立為勝義。中國三論宗和天台宗的圓教，都是從此立場而安立二諦的。上來所說的三類，後者是三論、天台宗所常說的；第二是唯識宗義，龍樹論也有此義；第一是鈍根的聲聞乘者所許的。這三者，依悟證的淺深不同而說，但在緣起性空無礙的正見中，這是可以貫通無礙的。佛法的安立二諦，本為引導眾生從凡入聖、轉迷為悟的，所以應從凡聖二諦的基礎上，一層一層的去深入理解，以達到圓滿的境地。若株守第一種二諦，即執有自

性不空的世俗。若定執第二種二諦，即有二諦不能融觀的流弊。」〔註197〕

印順法師認為二諦是建立在緣起性空的理論基礎上。從緣起性空來說，緣起幻有是世俗諦，幻性本空是勝義諦。因為在緣起中，「無所有，是諸法的畢竟空性；如是有，是畢竟空性中的緣起幻有。緣起幻有，是無所有而畢竟性空的，所以又說如是無所有。但愚夫為無明蒙蔽，不能了知，在此無明（自性見）的心境上，非實似實，成為世俗諦。聖人破除了無知的無明，通達此如是有的緣起是無所有的性空；此性空才是一切法的本性，所以名為勝義。」〔註198〕而緣起中道的二律，是一正一反的兩大定律，說明了流轉與還滅的必然律。此緣起因果的起滅，還是俗數法，還是在現象的表面上說，還不是深入的、究竟真實的、第一義的說法。因為第一義是依緣起法說的，即是緣起法的空寂性。在理論上說，聖者通達了緣起性空實相，緣起與性空就會相順和統一。也就是說，世俗的事相與特殊的諦理是不二的，即世俗諦是勝義諦，勝義諦也是世俗諦，二諦無礙。聖者若雙照二諦，就達到究竟圓滿，而成為一切種智了。

從佛教的角度來看，這二諦法門，為般若正觀的要門。但在佛法的具體修行實證中，世俗諦與勝義諦，都是為相對的方便而安立。為了度眾生，契根機，就要靈活的運用二諦的方式，要在「世俗諦中說三世如幻有，勝義諦中說三世畢竟空。」〔註199〕這是符合大小乘教義的，「龍樹學的特色，是世俗諦中唯假名，勝義諦中畢竟空，這性空唯名論，是大乘佛法的根本思想，也是《阿含經》中的根本大義。凡是初期的大乘經，都異口同音的，認為勝義皆空是徹底的了義之談。」〔註200〕為了進一步理解二諦在實證中的運用，就必須從世俗假有和勝義性空兩個方面著手。從世俗假有來說，一切是如幻如化的假名，為初學者說法，就要說生死、涅槃，虛假、真實等義理，這是有差別的二，是方便，是不了義教。從勝義性空來說，一切是畢竟空的，就要說生滅不生滅一切如化，一切性空，這是如實了義說，是究竟說。這裡，值得注意的是，世俗諦與勝義諦雖然顯示了凡聖的不同境界，但是在佛法中是否一定要截然分開來講呢？答案是否定的，那麼它們之間的關係應如何看待呢？下面我們將接著討論這個問題。

〔註197〕印順講、續明記：《中觀今論》，正聞出版社，1992年，第211頁。
〔註198〕印順講、演培記：《中觀論頌講記》，正聞出版社，1992年，第456頁。
〔註199〕印順導師著：《永光集》，正聞出版社，2004年，第47頁。
〔註200〕印順講、演培記：《中觀論頌講記》，正聞出版社，1992年，第12頁。

三、二諦無礙

關於世俗諦與勝義諦之間關係，印順法師認為，它們之間既不是截然不同的兩回事，也不是相互矛盾的對立物。他說：「照上面那樣說，可能會引起誤解：世俗諦與第一義諦是截然不同的；在第一義諦中，我空法也空；而在世俗諦中，則是我有法也有。但事實上，這兩者並非是兩回事。」〔註201〕而且依佛法說，世俗與勝義，雖有它的不同，但決不是矛盾而衝突的。按佛法講，眾生如能轉迷啓悟，通達實相，進入聖境，二諦就融通無礙了。二諦無礙，實際上這種情況只能說是相通的或是不相矛盾的。菩薩由於以智慧觀照一切眾生皆不可得，而同時也見到了眾生在那裡受苦或是受樂，因此他們是可以在同一個心境上看到這些的。這種在同一心境上現起的情況，可以舉個例子來說明。如天上的月亮，我們有時見它跑得很快，但是經過慢慢地觀察，我們可以發現並不是月亮在跑，而是烏雲移動太快所產生的錯覺。儘管我們知道月亮實際上並不是如我們感覺到那樣地在跑，而眼中所見到的月亮卻好像是在跑的。這就是在同一個心境上所產生的兩種不同認識。菩薩的二諦無礙，可以這種情況為比喻去理解。眾生若「明乎此，佛法的說我與無我，說眼耳鼻舌與無眼耳鼻舌，並不矛盾，於眞俗二諦，才能融通無礙。」〔註202〕那麼眾生也就達到了聖境。

印順法師認為勝義諦離不開世俗諦，而且要依世俗諦來開顯、契入。這種依世俗諦來開顯、契入的方式分為三種：一是即相顯性。這是從世俗的事相而入的。如依佛法的修學，就是要從現實世間（俗諦）的正觀中，發見其錯誤，不實在，然後去妄顯眞，從而深入到世間眞相的實質。這究竟眞相的勝義諦，因為是特殊體驗的境地，而且是聖者所公認的。般若的修習，就是依俗諦而見眞諦，由虛妄而見眞實，從凡入聖的法門。但是，說眞諦，切勿幻想為離現實世間的另一東西。因為一切法的本相，並非離現實世間而存在，所以非依俗諦，是不能得眞諦的，這就是即相顯性。第一義諦，世間的名、相、虛妄分別，是不能表達的，所以說勝義諦如何如何，還是依世俗諦方便說的。佛從緣起世俗諦的生滅非實中，說明第一義空，就極為明白。二是離妄顯性。這是從遠離世俗的邪見而入的。世俗諦是眾生迷謬所知的，雖是惑

〔註201〕印順著：《華雨集》第一冊，南普陀寺慈善事業基金會，2002年，第124～125頁。

〔註202〕印順講，妙峰、常覺記：《藥師經講記》，正聞出版社，1992年，第28頁。

亂，卻是重要的，我們凡夫正是處在這一情境中。所以要依止世俗諦，才能表示第一義諦，才能從勘破世俗迷妄中，去通達勝義諦。「緣起生滅法是俗數假名法，於中能離諸錯亂，便是第一義空。是正確不顛倒的世俗諦，能即此緣起法以顯示第一義諦，所以稱爲中道。」〔註203〕「佛依世俗諦，說虛誑妄取的諸行：『此有故彼有，此無故彼無』。唯其是虛誑的，所以依緣而有，離緣而無；可有可無，顯出一切行的本性空寂爲第一義諦。」〔註204〕「一切法都是因緣和合的假名法——世俗的，聖弟子就在這因緣中，名相世俗法中，體觀空寂，離有法非法二邊見，就證得第一義諦。所以說：『諸佛說空法，爲離諸見故』。」〔註205〕三是觀行顯性。這是觀世俗的善行等而入的。第一義是依世俗顯示的，假使不依世俗諦開顯，就不能得到第一義諦。修行觀察，要依世俗諦；言說顯示，也要依世俗諦。雖一切法空平等，沒有染淨可得，而眾生不了，要依世俗的正見、善行，才能深入。總之，眾生生活在世俗中，沒有世俗諦的名、相、分別，不可能契入第一義空；不依世俗諦的善行，就不能趣向甚深空義。「所以，解說性空的言教，這是隨順勝義的言教；有漏的觀慧，學觀空性，這是隨順勝義的觀慧。前者是文字般若，後者是觀照般若。這二種，雖是世俗的，卻隨順般若勝義，才能趣入眞的實相般若——眞勝義諦。如沒有隨順勝義的文字般若，趣向勝義的觀照般若，實相與世俗就脫節了。」〔註206〕

　　儘管一切諸法，在第一義是空，在世俗諦是如幻有，但從二諦的根本義來說，卻都是如幻如化、無自性的。先從緣起幻有來看，如勝義觀中，當然空也不可說，不可著。離卻了諸見的錯誤，世俗諦中，洞見諸法的因緣幻有，所以說一切法如幻、如化。在無自性的緣起有中，涅槃亦如幻如化。生死涅槃寂然都無自性，離一切戲論而正見法相。「在第一義諦中，一切不能安立，而世俗諦中則一切皆可安立。這兩種情況，實際上便可以大乘法之中所說的如幻如化，即幻有來包括之。」〔註207〕再從因緣和合來看，在世俗假名上說，蛋變成雞，小孩變成老年。如說他有眞實自性，這不但勝義中不可得，如幻的世俗，也不能允許這樣的變異。如「以性空者看來，一切皆在根境識三者和

〔註203〕印順講、妙欽記：《性空學探源》，正聞出版社，1992 年，第 24 頁。
〔註204〕印順講、演培記：《中觀論頌講記》，正聞出版社，1992 年，第 233 頁。
〔註205〕印順著：《佛法是救世之光》，正聞出版社，1992 年，第 150 頁。
〔註206〕印順講、演培記：《中觀論頌講記》，正聞出版社，1992 年，第 460～461 頁。
〔註207〕印順著：《華雨集》第一冊，南普陀寺慈善事業基金會，2002 年，第 125 頁。

合的情況下幻現；他與心可以有關係，但決不能說唯心。從世俗諦說，一色一心，假名如幻；從勝義說，一色一心，無不性空。」〔註208〕性空者從探究眞實下手，深入究竟，洞見眞實自性根本不可得；在勝義中，一切名言思惟所不及，離一切戲論，稱之爲空。性空者明見一切的一切，不能在勝義眞實有、微妙有中立足；世俗還他世俗，諸法是如幻緣起的，相依待而假名如是的。緣起的生，可以生而不違反滅。緣起相待，是有相對的矛盾性的；相對非孤立，而又不相離的，假名一切都成立。在二諦中觀一切諸法都是如幻如化、無自性的，這是聖者的境界。聖者悟了如實空相，從畢竟空中，達世俗的緣起幻有。從空出有，從般若起方便，徹底的正見諸法的如幻如化。這樣的世俗，不是無明所覆的世俗，而是聖者的世俗有了。「佛菩薩離了習氣，不但勝義觀中離自性相，即世俗諦中也畢竟不可得。到這時，才能圓見諸法的即假即空。」〔註209〕聖者雖然通達諸法的實相，但是緣起的假相依然是存在的，而且在世俗諦中是可說有名相和差別的。「世俗諦中，然可然相待，而可說有然可然的不同；但勝義的見地，是不可以說實體的。」〔註210〕「（龍樹）論主說一切皆空，無生無滅，是以聞思修慧及無漏觀智，觀察諸法的眞實自性不可得，生滅的自性不可得；從自性不可得中，悟入一切法空。這是勝義諦的觀察，在世俗諦中，雖沒有自性，沒有自性生滅，而假名的緣起生滅，是宛然而有的。」〔註211〕這就是說，五蘊和合而有的我，是有緣起的假我。在世俗諦上，確是可以有的；不過勝義觀察自性，才不可得的。這種世俗諦中的名相和差別，在凡聖不同的境界裏，是完全不同的。這種世俗不是諦，但聖者通達了第一義諦，還是見到世俗法的，不過不同凡夫所見罷了。但是，可以說，在「世俗中說有我，勝義中就說無我；世俗中說一切名相分別，勝義中就說離一切名相分別。其實，這是相順而不是相違的。」〔註212〕也可以說，這種不壞世間的如幻緣起，而達勝義性空，這就是二諦無礙的中觀。其實，後來大乘空宗所說世俗勝義二諦的無礙，就是這假名事相與理性空義二者的綜合。

從上面我們可以知道二諦無礙的道理。印順法師接著又提出在修學中怎樣運用二諦無礙來度眾呢？按照他自己的說法，就是如何把握二諦的不

〔註208〕印順講、演培記：《中觀論頌講記》，正聞出版社，1992年，第173頁。
〔註209〕印順講、演培記：《中觀論頌講記》，正聞出版社，1992年，第332頁。
〔註210〕印順講、演培記：《中觀論頌講記》，正聞出版社，1992年，第199頁。
〔註211〕印順講、演培記：《中觀論頌講記》，正聞出版社，1992年，第445頁。
〔註212〕印順講、演培記：《中觀論頌講記》，正聞出版社，1992年，第457頁。

即不離，恰到好處呢？他說：「佛依二諦說法，二諦不即不離而需要完滿的善巧二諦，即不能稍有所偏。若能正見二諦無礙的中道，則對於緣起與性空，才有正確了達的可能。如何把握二諦的不即不離，恰到好處？不偏於差別，也不偏於平等，這是修學中觀者所應該特別留意處。」〔註213〕他的答案是要做到「不偏於差別，也不偏於平等」。要做到這一點，應從下面兩點著手。一是要觀俗有眞空。這是二諦的究竟說。「若究竟的抉擇二諦，即一切是俗有眞空，是究竟說。」〔註214〕而抉擇二諦要依二諦空有而定，「依中觀宗義，不是不可以說有，也不是說凡是證得空性的，即不許生死涅槃等一切；在聖境中，也是可說無生死的迷妄法，有正覺的菩提涅槃。但依言教的正軌，凡可以稱爲有的，即世俗有，即依名言安立而有的。如依勝義觀一切法自性不可得，勝義是畢竟空。於二諦空有的異說，可依此抉擇。」〔註215〕二是要反破眞壞俗。若破眞壞俗，二諦就無法成立。「三相的不可得，是勝義自性空，從世俗諦假名的立場，不能不有。說他無是破壞世俗，說他不空是破壞勝義。進一步說，俗破眞也不成，眞壞俗也不立，二諦都失壞了，這是佛法中的癡人。」〔註216〕在這裡，印順法師特別對破眞壞俗的人提出了批評。

第四節 中道觀：開顯行理的正道

一、中道含義

郭朋研究員在他的《印順佛學思想研究》一書中指出：「中道觀，簡稱『中觀』，是龍樹學說中的一個非常重要的方面，也是印順法師所信守的思想。」實際上，印順法師對於中道是極爲重視的，認爲中道不僅代表了佛教的特色，而且是佛法的指導原則。如他所說：「中道代表了佛法理論與實踐的不共方法。」〔註217〕因此，「我們可以用中道二字，簡別一般的宗教，顯出佛教的特色。」〔註218〕更爲重要的是，「中道是佛法的指導原則，不論是就事、就理或者是生

〔註213〕印順講、續明記：《中觀今論》，正聞出版社，1992年，第198頁。
〔註214〕印順講、續明記：《中觀今論》，正聞出版社，1992年，第222頁。
〔註215〕印順講、續明記：《中觀今論》，正聞出版社，1992年，第223頁。
〔註216〕印順講、演培記：《中觀論頌講記》，正聞出版社，1992年，第172頁。
〔註217〕印順著：《佛法是救世之光》，正聞出版社，1992年，第147頁。
〔註218〕印順著：《佛法是救世之光》，正聞出版社，1992年，第146頁。

活態度，皆應以中道行之。因為唯有如此，才能夠護正法，化眾生。」〔註219〕

簡單的說，中道，就是不落二邊。印順法師認為，要瞭解中道的含義，先要從中的本義開始。中的本義，他分為二種：一是中實。中即如實，在正見的體悟實踐中，一切法的本相如何，應該如何，即還它如何。二是中正。中即圓正，不偏這邊，也不偏於那邊，恰得其中。「此中實與中正，是相依相成的。中實，所以是中正的；中正，所以是中實的，這可總以恰到好處去形容他。」〔註220〕因此，對於中道的解說，也就不出於中實與中正。這裡，我們先說中實，中實是以正觀緣起性而遠離戲論的寂滅為主。這中實的寂滅，從實踐的意義去說，即是不著於名相，不落於對待。印順法師對「不著於名相，不落於對待」含義的解釋是這樣的，他說：「一、不取著名相。這如《大智度論》卷六說：『非有亦非無，亦復非有無，此語亦不受，如是名中道』。中道，不但是非有非無，更進一步的說：『此語亦不受』。受即新譯的取。凡稱之為有、為無、為非有非無，都不過名言的概念。非有非無，本表示觀心的不落有無戲論，如以為是非有非無，這不能恰合中實的本意。所以必須即此非非的名相，也不再取著。二、不落於對待。我們所認識的，所言說的，都是相對的。凡是相對的，即不契於如實絕待的中道。如《大智度論》卷四三，說到種種的二邊，其結論說：『離是二邊行中道，是名般若』。這裡所說的種種二邊，如常無常、見無見等，都是二邊。進而至於能行能證的人——菩薩、佛是一邊，所行、所證的法——六度、大菩提是一邊；甚至般若是一邊，非般若是一邊，要離此二邊行中道。」〔註221〕再看中正。他說：「關於中正的意義，龍樹也有很好的發揮。依佛陀所正覺的，為眾生所巧便言說的，在佛陀，都是圓滿而中正的。如緣起是中正的，空也是中正的，至於中道那更是中正了。」〔註222〕他接著說眾生不能做到中正的原因，「但世俗言說的施設，不免片面性的缺陷，所以古德說：『理圓言偏』。眾生對於佛的教法，不能圓見佛法的中道，聞思或修行，在任何方面有所偏重，就會失卻中道。如《智論》卷八〇說：『若人但觀畢竟空，多墮斷滅邊；若觀有，多墮常邊。離是二邊故說十二因緣空。……離二邊故，假名為中道』。畢竟空與緣起有，那裡會墮於一邊？這因為學者有所偏重的流弊——世諦流佈，什麼都有弊的，

〔註219〕印順著：《華雨集》第一冊，南普陀寺慈善事業基金會，2002年，第95頁。
〔註220〕印順講、續明記：《中觀今論》，正聞出版社，1992年，第9～10頁。
〔註221〕印順講、續明記：《中觀今論》，正聞出版社，1992年，第10～11頁。
〔註222〕印順講、續明記：《中觀今論》，正聞出版社，1992年，第11頁。

所以特說明緣起與空寂不偏的中道。即空的緣起，不落於斷邊；即緣起的性空，不落於常邊。緣起與空，印度佛教確曾有過偏重的發展。到極端，如方廣道人偏空，是墮於斷滅邊；薩婆多部偏於一切法有，即墮於常邊。」〔註223〕在這裡，他指出眾生不能契入中道的中正義，其中原因主要有二個方面：一是「理圓言偏」；二是不解緣起性空，墮於常斷。「為了挽救這種偏病，所以龍樹探《阿含》及《般若》的本意，特明此緣起即空的中道，以拯拔那心有所著的偏失者，使之返歸於釋迦的中道。學者不能巧得佛法的實義，多落於二邊，所以特稱此綜貫性相空有的為中道。龍樹的中道論，不外乎不著名相與對待（宗歸一實），綜貫性相及空有（教申二諦）。中觀大乘的特色，實即是根本教義完滿的開展。」〔註224〕印順法師在此進一步指出龍樹的中道論不僅挽救這種不合中道的偏病，而且完滿開展了中觀大乘的根本教義。

印順法師指出，中道，是佛法的重要指導原則，也是佛弟子必須遵循的唯一原則。「我們知道，佛法的中心指導原則，是中道，是不偏於任何片面的，偏狹的或是極端的。」〔註225〕按佛法要求，實行中道是修證佛法不可或缺的。在修證中，一是要行八正道。中道即是八正道。「人生進步、淨化以及完成的實踐，佛典裏稱之為道。釋尊在波羅奈的鹿野苑中，初為五比丘轉法輪，即提示以中為道的特質。如《轉法輪經》（巴利文本）說：『在此諸欲中耽於欲樂者，乃下劣凡夫，為非聖無意義之事。雖然，以自身所求之苦為苦，亦為非聖無意義之事也。離此二邊之中道，方依於如來而能證悟，此即開眼、開知，至於寂靜、悟證、正覺、涅槃之道。比丘！於何名為依於如來所悟之中道？即此八支之聖道也』。佛在開宗明義的最初說法，標揭此不苦不樂的中道。中道即八支聖道，這是中道的根本義。」〔註226〕從這裡，我們可以看出，中道是以「中」為道的特質，其根本的意義就是八聖道。二是要離偏邪二邊。中道是一種形容詞，不論是就理上的證悟，或是事上的修行方法，都是恰到好處，不偏不邪，因此，按中道的要求，要遠離二邊法，才能度化眾生。「以行來說，《拘樓瘦無諍經》說：耽著庸俗的欲樂是一邊，無義利的自苦行是一邊，離此二邊，則有中道，中道是八聖道。這一教授，是多種經、律所說到的。如佛教化二十億耳說：如彈琴調弦，不急不緩，適

〔註223〕印順講、續明記：《中觀今論》，正聞出版社，1992年，第11～12頁。
〔註224〕印順講、續明記：《中觀今論》，正聞出版社，1992年，第11～12頁。
〔註225〕印順著：《華雨集》第一冊，南普陀寺慈善事業基金會，2002年，第91頁。
〔註226〕印順講、續明記：《中觀今論》，正聞出版社，1992年，第5頁。

得其中，為有和音可愛樂。所以極大精進，令心調掉舉亂；不極精進，令心懈怠。是故汝當分別此時，觀察此相。修行也要適得其中，是要觀察自己身心，善巧調整的。如煉金那樣，不能一向鼓韝、一向水灑、一向俱捨，而要或止、或舉、或捨，隨時適當處理的，這才能心則正定，盡諸有漏。因此，修行成就無相心三昧的，是不踴不沒，心住平等的。這一原則，應用於知見的，就是處中說法的緣起，緣起法不落二邊——一與異，斷與常，有與無的。正確而恰當的中道，不是折中，不是模棱兩可，更不是兩極端的調和，而是出離種種執見，息滅一切戲論的。」〔註 227〕要遠離偏邪二邊，正行中道，那麼在事理又該如何處理呢？這個問題，就是我們下面要討論的印順法師中道正見內容。

二、中道正見

印順法師的態度很明確，如果要遠離偏邪二邊，正行中道，應以正見為先導。他從兩個方面作了說明。一是從理上說，八正道以正見為首，這因為正見（慧）不但是末後的目標，也是開始的根基，遍於一切支中。「一切身心的行為，都是以正見為眼目的——《阿含經》以正見為諸行的先導，《般若經》以般若為萬行的先導。所以不苦不樂的中道行，不是折中，而是從正見為本的實踐中，不落於情本的苦樂二邊。由此，佛法是以智化情、以智導行為原則的。以智為本的中道行，包括了最初發心乃至向上達到究竟圓滿的一切過程。正見為導的中道，即是從正見人生的實相中，增進、淨化此人生以及解脫、完成。」〔註 228〕二是從行上說，實則行的中道里，以正見為先導，即包含有悟理的正見中道。唯有如此，才能不落苦樂兩邊。「釋尊在初轉法輪時，先說遠離欲樂、遠離苦行——二邊的中道；中道就是正道，正道以正見（慧）為先導，如實知見四諦。」〔註 229〕所以釋尊否定這兩端，開示究竟徹底的中道行，即是正見為導的人生。自我與世間，惟有智——正見為前導，才能改善而得徹底的完善。不苦不樂的中道，不是折中，是以智化情，以智導行，隨順於法而可以體見於法的實踐。中道行，是正見為先導的聖道的實踐。

〔註 227〕印順著：《空之探究》，正聞出版社，1986 年，第 256 頁。
〔註 228〕印順講、續明記：《中觀今論》，正聞出版社，1992 年，第 8 頁。
〔註 229〕印順導師著：《永光集》，正聞出版社，2004 年，第 226 頁。

　　同理，中道正見也可從行理上進行區分，不苦不樂是行的中道，不有不無等是理的中道，這僅是相對的區分而已。印順法師認爲這種區分是完全符合佛法的。按「中道立場的說法，不落凡夫二邊的惡見，而能即俗明眞，是恰到好處的說法。這所說的就是『此有故彼有』的緣起法。中道，本形容中正不偏。阿含經中，就行爲實踐上說的，是離苦樂二邊的不苦不樂的中道行（八正道）。在事理上說的，即緣起法。緣起法是佛教的中道法，爲什麼呢？因爲緣起法可以離諸邊邪執見。」〔註230〕這種行的中道有《阿含經》的根據，理的中道適合緣起法。因此，他說這兩種中道又可稱爲緣起中道與八正道中道，並且各有不同的指向和目標。這樣，釋尊指出了兩種的中道，即緣起中道與八正道中道。緣起法，指出了一般人生活動的規律；八正道，指示一種更好的向上的實踐法則。緣起中道，可說是釋尊所創覺。如「佛陀創覺了諸法實相，即緣起性空的中道。」〔註231〕「中道統一了眞諦與解脫，顯出釋尊正覺的達磨的全貌。」〔註232〕八正道中道，可謂是釋尊所倡導。倡導不苦不樂的中道，爲釋尊徹始徹終的教說。

　　我們先說緣起中道。緣起中道的弘揚實源自於龍樹。龍樹出世時，印度佛教在教義上出現南空北有，各趨一極的現象。此後佛教逐漸傾向於從分化而進入交流與綜合的新機運。上面我們已說過，龍樹爲了挽救時弊，於是他綜合南北、空有、性相、大小的佛教，以大乘性空爲根本而再建佛教的中道。龍樹爲倡導和弘揚緣起中道，他寫了許多有關的著作，其中《中論》就是著名的論典。從他的著述來看，其目的和宗旨都是爲緣起中道服務的。如龍樹學的宗要，說空說假名，而重點還是中道的緣起說。如龍樹的《中論》，固然能遮破一切戲論，但《中論》的正意，決非以摧破一切爲能，反而是爲了成立一切法，顯示釋尊的緣起中道。也可以說，龍樹的中觀，就是中道的觀察。他的緣起中道是通過緣起性空的理論來闡發和顯示的。一方面，是從緣起來說，如《中論》所要闡明的，是中道的緣起。「龍樹以緣起顯示中道，肯定的表示緣起法爲超勝世間，能得涅槃解脫的正法，……」〔註233〕另一方面，是從性空來說，如中道的緣起說，爲佛法宗要。闡明這一要義，龍樹是通過空

〔註230〕印順講、妙欽記：《性空學探源》，正聞出版社，1992 年，第 22 頁。
〔註231〕印順講，演培、續明記：《般若經講記》，正聞出版社，1992 年，第 21 頁。
〔註232〕印順著：《佛法概論》，正聞出版社，1992 年，第 10 頁。
〔註233〕印順著：《空之探究》，正聞出版社，1986 年，第 224 頁。

義而顯揚出來的。龍樹依空而顯示中道，即八不緣起。緣起性空在龍樹的學說中也是融通無礙的，「龍樹以緣起爲宗，發揮緣起無自性空說，也從空義來成立緣起。彈斥了實有自性說，方廣道人的一切都無說，迷戀梵王舊說（婆羅門教的舊說）的心常說，而歸於一切法即空的緣起中道論。」〔註234〕其實，這種緣起性空無礙與他的緣起中道論是一致的。從佛法的理論上來說，緣起與中道密不可分。從佛法的修證上來說，這種緣起中道具有重要的意義。一方面緣起中道是涅槃解脫的途徑。「緣起中道，最終能引發般若的實相智，直接直覺契悟『空性』，亦即證入『諸法實相』而獲致涅槃解脫。」〔註235〕另一方面緣起中道是離邪顯正的教說。「佛法的根本體系，即依緣起因果以明現象，也依之以開顯實相；依之成立世間的增進行，也依之以成立出世的正覺行。如離此緣起中道的教說，即難免與神學同化，……」〔註236〕

對於緣起法與中道的關係，印順法師的看法，是很鮮明的。他認爲，緣起就是中道。在佛法流傳中，緣起說也就稱爲中道。「佛陀始終以緣起來闡明中道，因爲除了緣起，就沒有中道可說。」〔註237〕至於其中的理由很簡單，他曾作過自問自答，如「緣起法爲什麼是離二邊的中道？因爲緣起法是空的。」〔註238〕這樣說，兩者就是等同的。這種關係如果擴展來看，就可知道兩者是存在相互依存的關係。具體表現爲：一是依緣起顯中道。中道，是正確的，恰好的，沒有偏差，不落於兩邊邪見的。佛法的中道觀，是從緣起法的正觀中顯出，爲佛說法的根本立場。佛說中道，都是依緣起而立論的。最重要的，就是不有不無的緣起中道了。「如能對緣起說而有所理解，就不會陷於偏見；佛就是依緣起以掃蕩一切偏見，依緣起以顯示中道的。」〔註239〕二是以中道明緣起。如以中道的立場，在緣起空寂法性中，建立諸行無常、諸法無我、涅槃寂靜的三法印，從而形成佛法的根本思想。「依緣起中道，明生死可轉爲涅槃。」〔註240〕「依中道而說的緣起，可以遣離二邊邪執，這是《雜阿含經》處處可見的。」〔註241〕這兩者等同和相互依存的關係，根據我們前面講過的

〔註234〕印順著：《華雨香雲》，正聞出版社，1994年，第221頁。
〔註235〕李潤生著：《中論導讀》，中國書店，2007年，第28頁。
〔註236〕印順著：《無諍之辯》，正聞出版社，1995年，第4頁。
〔註237〕印順著：《佛在人間》，正聞出版社，1992年，第197頁。
〔註238〕印順著：《空之探究》，正聞出版社，1986年，第217頁。
〔註239〕印順著：《佛在人間》，正聞出版社，1992年，第197頁。
〔註240〕印順著：《華雨集》第四冊，南普陀寺慈善事業基金會，2002年，第296頁。
〔註241〕印順著：《佛法是救世之光》，正聞出版社，1992年，第148頁。

二諦觀來推理，應是一種聖者的境界。對於凡夫來說，這兩者之間還是存在一道不可逾越的鴻溝，那麼要打通兩者的通道，按印順法師的看法，一是要樹立緣起正見。唯有依緣起的正見，才不致落入兩邊，而從種種偏見中脫出，達到中道的正義。「如佛說中道，依緣起法而顯示。這緣起法，是事事物物內在的根本法則。在無量無邊極其複雜的現象中，把握這普遍而必然的法則，才能正確、恰當的開示人生的真理，及人生的正行。釋迦所說者，為緣起法，依於緣起的正見，能得不落有無二邊的中道。」〔註242〕依於正見緣起，能離斷常、有無等二邊的戲論，為人生的實踐，自然是不落苦樂二邊的中道。二是要獲得空有無礙正觀。體悟中道，要先有緣起空有無礙的正觀。這是三論、天台以及藏傳中觀者所公認的。三是要離卻二邊邪見。「離有離無，即開顯了非有非無的性空了！不落二邊的中道，就建立在此有故彼有，此生故彼生的緣起上。」〔註243〕「不一不異，不常不斷，與不有不無一樣，都是依於緣起而開顯的不落二邊的中道。正見緣起的中道，為釋迦本教的宗要。」〔註244〕如果凡夫做到了樹立緣起正見和離卻二邊邪見，那麼就可使緣起與中道的距離化為烏有，緣起與中道就達到等同了。「一面破諸外道的偏邪，一面顯示諸法的實相，所以緣起法是中道。」〔註245〕所獲的正見是正見緣起的集與滅，就是離二邊的中道。

　　印順法師認為，眾生對於中道極易產生誤解，表現為太過和不及。在把握空有中道義的中觀者看來，各宗派所瞭解的中道，近於中道而多少還是不偏於此，即偏於彼，不是太過，便是不及。對於這種太過和不及的情況，他從漢傳的般若三家、藏傳的中觀三家和印傳之大乘三家作了如下解說：

　　「一、漢傳的般若三家：依中土所傳，對於二諦空假，有三宗的傳說。不空假名：緣起無性名空是真諦，假名不空是俗諦。此不空假名宗，古人比喻為如鼠嘍栗，他雖知無實性空，而猶存假名不空，如鼠食栗中仁盡而殼相還在。這是不及派。空假名：此宗以為，從緣起法的假有義，以觀察因果、事相等，此屬俗諦；以真智去觀察，則緣起法無不皆空，即是真諦。此宗以為真諦空，能空破因緣假有，即空得太過了，也不能把握空有之中道。他雖

〔註242〕印順講、續明記：《中觀今論》，正聞出版社，1992年，第8頁。
〔註243〕印順講、演培記：《中觀論頌講記》，正聞出版社，1992年，第257頁。
〔註244〕印順講、續明記：《中觀今論》，正聞出版社，1992年，第8頁。
〔註245〕印順講、妙欽記：《性空學探源》，正聞出版社，1992年，第23頁。

承認一切法空，但不能即空而善巧安立於有，成為得此無彼，得彼無此的二諦不相及，這是太過派。假名空：三論宗的正義是假名空，簡說為假空。緣起是假有法，假有即非真實性的，非真實有即是空。三論宗傳此為假名空，說一切法空故非不及；雖空而假有不壞，也不是太過，所以能得現象與實性的中道。

二、藏傳的中觀三家：《菩提道次第廣論》，抉擇中觀見，先破除太過與不及的兩派，然後確立自宗正見。太過派：主張一切法性空，空能破一切法，從色乃至涅槃、菩提，無不能破，此為宗喀巴所不許。破壞緣起法，即是抹煞現象，是不正確的。不及派：宗喀巴評此為不及者，以為他所說的不由因緣所生為不及，即沒有徹底破除微細的自性見。此宗自性的三義，與我上面所講的：實有、不變、獨存的自性三義，大體相近。《廣論》中於破太過與不及後，提出自宗的正見，即是月稱論師的思想，稱為應成派。應成派以為：緣起法即是空的，空是不破壞緣起的。承認一切法空，即假有法也不承認有自相，與自續派的不及不同；雖承認一切法空而不許破緣起，故又與太過派不同。

三、印傳之大乘三家：太虛大師分大乘學為三：（一）、法相唯識學，（二）、法性空慧學，（三）、法界圓覺學。我在《印度之佛教》裏，稱之為虛妄唯識系，性空唯名系，真常唯心系。性空者所主張的：一切法畢竟空，於畢竟空中能成立緣起有，這是中觀宗的特色。這即是以有空義故，一切法得成。中觀者空有善巧，一切空而不礙有，一切有而不礙空，這才是善取空者，也即是能善知有者！唯識者，可說是不空假名論師。主張依實立假，以一切法空為不了義。真常者承認妄法無自性，但皆別立妙有的不空，以此為中道。不空妙有者，本質是破壞緣起法的，他們在形而上的本體上建立一切法。唯有中觀論者依緣起顯示性空，即空而不壞緣有，始能善巧中道。」〔註246〕

之所以出現上述太過和不及的情況，印順法師認為是沒有把握好緣起性空的法則，不能明中道的原因所致。「緣起是側重於現象的，性空是側重於實相的，本性的。依佛法來看，現象與本性的中道，是甚深的。佛法的說明諸法實相，以此相對的二門——緣起與性空為方便。從緣起明性空，依性空明緣起，如不能適中的恰到好處，即有太過與不及的誤解。」〔註247〕對於漢傳

〔註246〕印順講、續明記：《中觀今論》，正聞出版社，1992 年，第 181 頁。
〔註247〕印順講、續明記：《中觀今論》，正聞出版社，1992 年，第 181 頁。

的般若三家、藏傳的中觀三家和印傳之大乘三家中的太過與不及分析之後，他也指出漢傳的般若三家中的三論宗適合現象與實性的中道；藏傳的中觀三家中的宗喀巴提出的正見是月稱論師的思想，即應成派的見解，「月稱的見解，與龍樹《大智度論》所說，大致相同。」〔註248〕可說基本符合緣起性空的法則；印傳之大乘三家中的性空唯名系的主張是適合緣起性空義的，表現了中觀宗的特色。

　　在緣起中道方面，印順法師認為在有與無問題上存在邪見是違背緣起法的，也不可能見中道。他主張離卻執有執無的二見，見行中道。執有滯空，實不足以言中道。這種實有實無論者，可以說是說諸法實無性的，沒有懂得諸法的緣起；說諸法實有性的，沒有懂得諸法的性空。前者是損減見，後者是增益見（其實是二諦都不見）。那麼要離卻二見，不執實有實無，必須透視緣起法的假名有。雖是假名有，但也不失諸法的因果相互的關係。這樣，才能突破自性見，見到即緣起而性空，即性空而緣起的中道。世間的人，一類執有，一類執無；或是一類執常見，一類執斷見。執常見的，主張死後仍有個我長存不變，能夠從今生延續到後生去。執斷見的，則以為死了以後，就什麼也沒有。佛為了離於二邊而說中道，說中道即是說此不生不滅，不常不斷，不一不異，不來不去的因緣所生法。並由此中道的因緣法，體悟到諸法的真理，如如不動。所以，不論是世間的事情，或者是修行的方法、人生的態度，佛都是主張離二邊而行中道的。要離卻執有執無的二見，那麼就要與緣起性空的法則相合，印順法師又更進一步從緣起性空的角度，闡述了中道的深義。「空不是沒有緣起，此空是不礙緣起的，不過緣起是無自性的假名。這樣，緣生而無自性，所以離常邊、有邊、增益邊；性空而有假名的，所以離斷邊、無邊、損減邊；雙離二邊，合於佛法的中道。這是雙約二諦空有而說的。中道，形容意義的恰好，並非在性空假名外，別有什麼。這樣，假名與中道，都在空中建立的。一切諸法寂無自性，所以是空；緣起法的假名宛然存在，所以是有。這相即無礙法，從勝義看，是畢竟空性；從世俗看，雖也空無自性，卻又是假名的。這樣，所以是中道。」〔註249〕中道是不落兩邊的，緣生而無自性空，空無自性而緣起，緣起與性空交融無礙，所以稱之為中道義，即是恰當而確實的。「空無是不礙現有的，所以彼空性中也可有虛妄

〔註248〕印順著：《印度佛教思想》，正聞出版社，1990年，第365頁。
〔註249〕印順講、演培記：《中觀論頌講記》，正聞出版社，1992年，第472頁。

分別。此虛妄分別是能現的，空性是無。現起的有，與無性的空，不一不異，所以說故此一切法，非空非不空，這就是中道了。」〔註250〕這種與緣起性空法則相合的中道，按照印順法師的說法，就是他所倡導的空有無礙的中道和二諦無礙的中道。空有無礙的中道，是從依緣顯空，離卻二邊來說的。正因為是因緣有的，所以是性空的；如不是因緣有，也就不是性空了。反之，因為一切性空，所以才依因緣而有；如不是性空，是實有自性的，那就是實有性，是一是常，也不會待因緣而有了。這樣，不但依因緣有而顯示性空，也就依空義而能成立一切法。這樣的因緣有與無自性空，相依相成，相即而無礙。如有而不是空的，就是實（執）有；空而不能有的，就是撥無因果現實的邪空。遠離這樣的二邊妄執，空有無礙，才是中道的正觀。「被稱為空宗的中觀家，直從有空的不一不異著手。依空宗說：一切法是從緣而起的，所以一切法是性空的。因為是性空的，所以要依因緣而現起。這樣，法法從緣有，法法本性空，緣起（有）與性空，不一不異，相得相成。空與有——性與相是這樣的無礙，但不像法相宗，偏從緣起去說一切法，也不像法性宗，偏從法性去立一切法，所以被稱為不落兩邊的中道觀。」〔註251〕二諦無礙的中道，是從法相併重，不偏事理來說的。「從性空看，一切是泯然一如的。從緣有看，因為緣起，所以性空；性空這才所以從緣起。學佛的，有的偏重於事，著重法相的差別，於空平等性不信不解，或者輕視他。這種見解，是不能與出世的佛法，尤其是與大乘法相應的，不能成就菩薩道。又有些人，執著本性，空理，醉心於理性的思惟或參證，而不重視法相，不重視佛法在人間的應有正行，這就是執理廢事。唯有依據緣起性空，建立二諦無礙的中觀，才能符合佛法的正宗。緣起不礙性空，性空不礙緣起；非但不相礙，而且是相依相成。世出世法的融攝統一，即人事以成佛道，非本此正觀不可。既不偏此，又不偏彼，法性與法相併重，互相依成，互相推進，而達於現空無礙的中道。」〔註252〕空有無礙的中道和二諦無礙的中道也是可以相通的。「性空假名無礙的中道，也就是二諦無礙的中道。然而，無一法不是緣生，也就無一法不是性空；依世俗的因緣生法，通達一切法空，是證入勝義的正見。觀一切法的空性，才能離自性見，悟入諸法實相。所以，觀行的過程，

〔註250〕印順著：《華雨集》第一冊，南普陀寺慈善事業基金會，2002年，第210頁。
〔註251〕印順著：《佛法是救世之光》，正聞出版社，1992年，第186頁。
〔註252〕印順著：《人間佛教論集》，正聞出版社，1992年，第192頁。

第一要瞭解因果緣起,得法住智;再觀此緣起無自性空,假名寂滅,得涅槃智。」〔註253〕這兩種中道相通是有條件的,按緣起法是要通達一切法空,正見緣起。從修證的觀行來說,一是要從因果緣起中得法住智,二是要從寂滅性空中得涅槃智。

再看八正道中道。上面所說,是釋尊所倡導的不苦不樂的行的中道。釋迦當時倡導這種中道是適應形勢,契合根機的需要。佛以中道行為正鵠,而當時的根機,是有偏苦偏樂傾向的。行為上,有樂欲行與自苦行的二邊,釋尊離此二邊說中道。這種偏苦偏樂是指兩種不同的眾生,一種是追求五欲之樂;另一種是實行無益的苦行。「在這裡,我們可以看看釋迦牟尼佛所開示我們,有關於世人所行不能合乎中道,而淪於二邊的例子。佛成佛後,到鹿野苑為五比丘初轉法輪時,便說世上的人大概有兩種:一種為追求五欲之樂,這類的人心念完全在五欲之樂上打轉而不能得到解脫。第二種為無意義之苦行,這類人以種種方法來折磨自己的肉體。學佛,便是必要離此二邊而行不苦不樂的中道。」〔註254〕釋尊反對這兩種偏見,並要求眾生離此二邊而行不苦不樂的中道。印順法師作為一名虔誠的佛教徒,當然是贊成這種觀點的。不僅如此,他還進一步分析了這兩種偏見的危害和成因,極力讚揚不苦不樂的中道是智本的新人生觀。「情本的人生觀,情本的法門縱我的樂行,如火上加油;私我的無限擴張,必然是社會沒法改善,自己沒法得到解脫。或者見到此路不通,於是轉向苦行,不知苦行是以石壓草的辦法;苦行的折服情慾,是不能成功的。叔本華的悲觀,甚至以自殺為自我解脫的一法,即是以情意為本的結論。依釋尊,縱我的樂行和克己的苦行,二者都根源於情識的妄執。釋尊否定了二者,提供一種究竟徹底的中道行,這就是以智為本的新人生觀。自我以及世間,唯有以智為前導,才可以改造人生,完成人生的理想。因此,不苦不樂的、智本的新人生觀,是佛法唯一的特質。佛說離此二邊向中道,中道即八正道。八正道的主導者,即是正見。」〔註255〕

印順法師認為八正道中道的目的和宗旨就是解脫人生,實現正覺的正行。這種中道行,是身心的躬行實踐,是向上的正行。「佛法的中道行,即為

〔註253〕印順講、演培記:《中觀論頌講記》,正聞出版社,1992年,第473頁。
〔註254〕印順著:《華雨集》第一冊,南普陀寺慈善事業基金會,2002年,第92頁。
〔註255〕印順講、續明記:《中觀今論》,正聞出版社,1992年,第8頁。

了要扭轉迷情的生活為正覺的生活，扭轉困迫的生活為自在的生活。」〔註256〕
實現正覺的生活。

八正道，無論是在佛教的理論上，還是在佛法的行證上，都是極為重要
的。在理論上，八正道為聖道的總綱，而且「法輪是以八聖道為體的」〔註257〕
「所以這八正道的中道行，本性還是空寂的，它與中道的理性，是相應的。
理性與實踐，在空寂中融然無二了。」〔註258〕在行證上，「釋尊捨棄二邊，依
中道行而得現等覺中是正確的，沒有偏頗而恰到好處的；中道是正行，依之
進行而能到達——現等正覺及涅槃的。中道就是八（支）聖正道，八正道是
一切聖者所共由的，所以經中稱為古仙人道。」〔註259〕八正道是從生死此岸，
到彼岸涅槃所不可少的方便，如渡河的舟伐一樣。「聖者的果證，現等覺與涅
槃，離了八正道是不可能的。」〔註260〕這可見八正道是能入於涅槃的唯一法
門了。前面我們已講過，中道是以正見為先導的，有了正見為先導，其行為
就會合乎道德的常道。「中道的德行，出發於善心而表現為合理的、有益自他
的行為。」〔註261〕這種中道的德行也是適合八正道的中道的，這是因為釋尊
說過的許多德行的項目，都是不出於八聖道的。而且八正道是向上向解脫所
必經的正軌，有他的必然性。中道的德行，是不能與他相違反的。因此，「八
正道，不但合乎道德的常道，而且就是古仙人道，有永久性、普遍性，是向
上、向解脫的德行的常道。」〔註262〕

八正道，為中道法的主要內容。它的具體內容為：正見，是正確的知
見。正思惟，是正確的思考。正語，是正當的語言文字。正業，是正當的
身體行為。正命，是正當的經濟生活。正精進，是止惡行善的正當努力。
正念，是純正的專心一意。正定，是純正的禪定。總的來說，就是正見、
正志、正語、正業、正命、正勤、正念、正定八個方面。八正道，從修學
解脫的次第來說，與戒、定、慧三增上學是相一致的。「中道——八支聖道，
是修學的聖道內容，也表示了道的修學次第。歸納聖道為三學：戒、心、

〔註256〕印順著：《佛法概論》，正聞出版社，1992 年，第 174 頁。

〔註257〕印順著：《華雨集》第二冊，南普陀寺慈善事業基金會，2002 年，第 21 頁。

〔註258〕印順著：《佛法是救世之光》，正聞出版社，1992 年，第 155 頁。

〔註259〕印順著：《華雨集》第二冊，南普陀寺慈善事業基金會，2002 年，第 20 頁。

〔註260〕印順著：《華雨集》第二冊，南普陀寺慈善事業基金會，2002 年，第 20 頁。

〔註261〕印順著：《佛法概論》，正聞出版社，1992 年，第 177 頁。

〔註262〕印順著：《佛法概論》，正聞出版社，1992 年，第 8 頁。

慧。依三學來說，正見、正思惟是慧；正語、正業、正命是戒；正念、正定是心，心是定的異名；正精進是通於三學的。」〔註263〕在這裡說明一下，印順法師認為三學中的定就是心，三學中的戒相當於八正道中的正語、正業、正命，三學中的定相當於正念、正定，三學中的慧相當於正見、正思惟，八正道中的正精進是通於三學的。三學的修學次第是依戒而定，依定而慧，依慧得解脫，因此，八正道的修學次第也應是這樣的次第。「所以，佛說的解脫道，三學與八正道一樣，不離聞思修及現證慧的次第，也就是依戒而定，依定而慧，依慧得解脫的次第。」〔註264〕而且與聞、思、修三慧的修學次第也是相應的。「八正道的修行，即戒、定、慧三學的次第增進，也是聞、思、修三慧的始終過程，為聖者解脫道的正軌。」〔註265〕從此可見，此八支聖道，是三學，也就是一乘。另外，從三十七道品來看，五根、五力與八聖道的次第內容，大體是一致的。

按照八正道的修學次第，應該先要有正見。依經說，應該先修清淨戒與正直見，然後依（正見正）戒而修四念處，這是符合八支正道的次第進修的。「真實、善行、淨妙，貫徹在中道的德行中。八正道的最初是正見，正見能覺了真諦法。」〔註266〕能以此現空無礙的正觀為思想基礎，從一切三業行持中去實習體會，隨時糾正，終可以歸向中道。正見的獲得，從佛法理論上說，應「先得法住智，後得涅槃智」。在中道的正見中，有著一定的程序，主要是「先得法住智，後得涅槃智」。從佛法實證來說，一是要聽聞正法。八支聖道，在聖者是具足的；如從修學來說，八聖道也有次第的意義。修學而求解脫的，一定要依善知識聽聞正法，經如理作意，才能引生出世的正見。二是少欲知足。「佛為弟子說法，首先提示了不苦不樂的中道生活，反對縱慾，也反對摧殘身心的苦行。在這原則下，佛以少欲知足來教導我們。」〔註267〕少欲知足，簡單說，就是淡泊隨緣。在正見的引導下，依次開展正思惟、正語、正業、正命、正精進、正念，就會有正確的方向。正定是八正道修學的最後一關。正定是寂然不動而能體證解脫的。如眾生了知八正道中道，思想和行為就符合佛法的要求。相反，如果「眾生對於佛的教法，不能圓見佛法的中道，聞思

〔註263〕印順著：《華雨集》第二冊，南普陀寺慈善事業基金會，2002年，第21頁。
〔註264〕印順著：《成佛之道》，正聞出版社，1993年，第232頁。
〔註265〕印順著：《佛法概論》，正聞出版社，1992年，第220頁。
〔註266〕印順著：《佛法概論》，正聞出版社，1992年，第10頁。
〔註267〕印順著：《佛在人間》，正聞出版社，1992年，第189頁。

或修行，在任何方面有所偏重，就會失卻中道。」〔註268〕八正道的這種修學次第，與緣起中道的修學可以說基本上是相同的，都是要求以正見爲先導的。

　　緣起中道與八正道中道，它們的區分只是相對的。從實質來說，兩者之間是相輔相成而圓滿無缺的。「緣起空的中道，遣離了一切錯謬的思想（二邊邪見）；八正道的中道行，離苦樂二邊而不取相執著。這兩大中道法，是相輔相成而圓滿無缺的。因爲假使只說緣起法性的如何如何，不能付之自己身心的修證體悟，即不能滿足人類衝破束縛要求徹底自由的宗教情緒，即抹煞了佛教的宗教意義。假使只說修行方法，沒有理性的指導，即透不過理智；不但要受世間學術的摧毀，自己也就要走上神教的歧途。八正道的中道行，以道德的實行，滿足了人類的宗教要求，而把它放在緣起空的理性指導下，圓滿正確，經得起一切思想的考驗。這智信合一的中道，即是釋尊本教的特質所在。」〔註269〕兩者之間的相輔相成關係，表現爲：一方面要以八正道觀緣起。這裡所說的緣起，是知道生死眾苦依因而集起的；惟有苦集（起）的滅，才能得到眾苦的寂滅，這非八正道不可。另一方面緣起正觀就是八正道正見。「眞能正觀緣起，就能不著有見無見，依中道正見而得解脫了。三學的增上慧學——甚深般若，八正道的正見，都是緣起的中道觀。」〔註270〕不管是緣起中道，還是八正道中道，與佛教的經論都是相合的。印順法師正是依這種中道的正見抉擇人間佛教的正義。「在中道正見的根本上，與經論不相違背的，契理而契機的，融攝而冶化一番，抉擇出人間佛教的正義。」〔註271〕

三、中道證觀

　　上面我們談了中道正見的一些問題。如果具有了中道正見之後，那麼我們怎麼才能悟入中道呢？要回答這個問題，就必須探討中道的方法論。印順法師認爲悟入中道的方法論，分爲兩個方面：即中觀與中論。這兩個方面對於悟入中道是不可或缺的重要方法。「中觀與中論，是觀察中道、論證中道的方法，是體悟中道實相必不可無的方法。所以中觀與中論，是中道——眞理的方法論；用世間的術語說，即是論理學。」〔註272〕他對中觀和中論分別進

〔註268〕印順講、續明記：《中觀今論》，正聞出版社，1992年，第11頁。
〔註269〕印順著：《佛法是救世之光》，正聞出版社，1992年，第155～156頁。
〔註270〕印順著：《成佛之道》，正聞出版社，1993年，第218頁。
〔註271〕印順著：《人間佛教論集》，正聞出版社，1992年，第193頁。
〔註272〕印順講、續明記：《中觀今論》，正聞出版社，1992年，第43頁。

行了下面的解說：

「先說中觀：觀即觀察，此名可有三種意義：一、指觀者說，即能觀的主體。約觀者的總體說，即是有情；約別體說，即與心心所相應的慧心所。二、指觀用說，從觀慧所起的能觀察用，即名爲觀。三、指觀察的具體活動說，這包括的內容很多。說到觀，即是依所觀的對象而起能觀，以能觀去觀察所觀，所有的觀察方法，觀察過程等等，同爲相依相待的緣起。這在《般若經》中，曾分爲五類：一、觀，二、所觀，三、觀者，四、觀所依處，五、觀所起時。若離了這些，觀就無從成立了。所以，依於緣起的相依相待法則，才有內心的思惟與考察的中觀。

再說中論。論有兩種：一、語言的文字，依音聲的語表來論說的。二、表色——間接的文字，即一般的文字，依形色的文、句、章、段以論說的。兩者都名之爲論，都是論述內心的見地，表示而傳達於他人的。觀與論，同是對於事理的記錄，但觀是內心的思想活動；不僅是記錄正理，而且是以種種方法去發現事理的深密。論是思想活動的方法、過程、結論，表現於聲色的符號，以傳達於他人、將來。雖各有特長，而觀察與語文的對象，大體是同一的。因此古德說：『存之於心爲觀，吐之於口爲論』。

中觀與中論，同是以中道爲對象的。用觀察的方法去觀察中道，即中觀；用論證的方法來論證中道，即中論。中觀與中論，同爲研求發見中道的方法。然而，無論是觀察或論證的方法，都不是離開中道——眞理，憑自己的情見去觀察論證的。觀察與論證的法則，即爲中道諸法最高眞理；爲中道本有的——法性，必然的——法住，普遍的——法界，我們不過順著中道——最高眞理的常遍法則，而觀察探求，去發見諸法的眞理——中道。所以論證與觀察的方法，都是中道的。觀、論與中道，是相依相待而非隔別的。離中道，即沒有中論與中觀；離了觀與論，也無法發見中道、體驗中道。這點，中觀學者必須切實記取！」〔註273〕

上面印順法師對中觀和中論的含義以及這兩者與中道的相依相待的關係作了詳細的論說，無非是說明悟入中道的方法，只能用中觀的方法去觀察中道，用中論的方法去論證中道。而且指出中觀、中論與中道的關係是：離中道，即沒有中論與中觀；離了觀與論，也無法發見中道、體驗中道。從這裡，我們可以看到，印順法師對悟入中道的方法完全歸爲中觀和中論，對其他的

〔註273〕印順講、續明記：《中觀今論》，正聞出版社，1992年，第41～43頁。

方法是採取一種排斥的態度的。事實上，他也是這樣做的，如他對佛教因明的方法論證中道就不認同。

印順法師非常明確地指出因明不能論證中觀，也不能悟入中道。「因明等形式論理，是不能用以論證中觀深義的，不能用為通達究極真理的工具。」〔註274〕而且認為因明與中觀不合，「所以假如說：中觀的論理方法，處處合於唯識家的因明，那簡直是大外行！」〔註275〕因此，他批評因明「這種含有根本錯誤的認識及其方法論，西洋的形式邏輯如此，印度的五分做法以及三支論法都如此，都不過是庸俗的淺見。」〔註276〕在這裡說明一下，他批評因明是庸俗的淺見，這是針對採用因明來論證中道的方法而說的。

是採用因明，還是採用中觀的方法論證中道，印順法師認為是空有二宗的根本不同之處。「法相唯識家的因明，與龍樹學系的中觀，雖同為論理方法，而因為中觀本源於佛陀的緣起法，因明卻僅是正理學派方法——可說是常人的方法論的修正。所用的方法不同，所以對究竟實相的中道，也不免有所不同。這也是空有二宗的根本不同處，所以要特別的揭示出來。」〔註277〕這兩種認識方法的不同，也即是空宗與有宗的方法論不同，明顯地劃出了兩宗的根本差別。具體一點說，就牽涉到空宗與有宗所爭論的焦點問題，主要表現為對於空的論法不同。空宗的觀點是，一切法是本性空的；因為一切法的自性本空，所以一切法是緣起有的。空中無色而色即是空，所以空與有不相礙，一切空而可能建立一切因果、罪福，以及凡聖的流轉和還滅。而有宗是勢必尋出一些不空的因素作根基，來建立他們的宇宙觀與人生觀，建立他們的流轉論與還滅論。因為有宗離了法性本空，即不能理解無性的緣起，這在答覆他宗和難破他宗時，即不能成為正確的答覆和真正的破除。因明中的相違決定，就像康德的二律背反，完全暴露了此一論理的缺點。所以要如實的體達中道，對於這種反緣起反中道的認識與論理法，必先加以破斥，才能引生如實的中道。印順法師雖然否認了因明論證中道的意義，但是依然肯定它在論證世俗事象的作用。「但這是說它（指因明）不能把握究極的真理，在相對的世俗真實上，依舊是有其作用的。這如依地球為中心以觀測天象，有它範圍內的正確性，若依之擴大觀察，它的正確性就漸漸消失了，不能不

〔註274〕印順講、續明記：《中觀今論》，正聞出版社，1992年，第51頁。
〔註275〕印順講、續明記：《中觀今論》，正聞出版社，1992年，第49頁。
〔註276〕印順講、續明記：《中觀今論》，正聞出版社，1992年，第47頁。
〔註277〕印順講、續明記：《中觀今論》，正聞出版社，1992年，第44～45頁。

加以修正。用因明等論理來成立世俗的事象,而不能用來探求究竟眞理,也如此。」〔註 278〕此外,在觀照般若中,觀慧的尋思、抉擇、審察階段,如爲世俗事相的觀察,不淨觀、慈悲觀等,即因明式的論理方式,也是可用的,但是在探究究極眞理的抉擇、觀照,那非使用中觀的方法不可。「所以,唯有能了達諸法是即空的緣起,本著諸法本性空寂的見地,展開緣起的論法,這才能徹底難破,徹底的答覆別人,才能眞正破除他人的錯誤,眞正的顯示眞理。所以說:『以有空義故,一切法得成』。所以在方法論的立場,通達中道實相,非依於即空的緣起法不可。」〔註 279〕這裡所說的,在方法論上,通達中道實相的緣起法,指的就是中觀的方法。

「中觀學在印度,龍樹論是沒有承認正理學系的方法論的。到了清辨,大概是爲了爭取唯識學者的同情,完全採用因明的論理法,造《般若燈論》及《掌珍論》等。這是沒有確見中觀的深義所在,難怪爲月稱所破。」〔註 280〕這段話告訴我們,龍樹沒有接受因明的論證方法,到了後期中觀派的清辨才採用因明的論理法運用中觀學,以後又被月稱所破。這也就說明,採用因明來論證中道的方法最後還是被中觀學派所排斥了。從中觀學派來說,論證中道的唯一方法,只能是中觀的體證。印順法師也是持這一觀點的。他認爲,採用中觀的方法,首先要辨明中觀方法。印順法師從兩方面作了說明:一是中國的三論宗。中國古三論師教導學人,有入門的「初章義」與「中假義」。「初章與中假的要義,在指出外人與中觀者,對於一切的一切,有著根本上的認識不同,而成爲方法與結論的不同。」〔註 281〕因此,要學中觀,第一步必須明解初章(指根本而共同的錯誤的論證法),破斥外人的立義,然後進一步修學中觀家的正義——中假(指中觀的正義)。二是西藏的中觀學。這是月稱的思想。月稱主張隨應破,眞性有爲是非空非不空的。這與清辨批評佛護,不能專於破他,要以因明的論理方式建立緣起性空的自宗完全相反。月稱的這種思想是符合中觀空義的,它否定有生滅的自性,也即是不執有實性的生滅。而生是由於滅、待於滅、不離滅的,是依於緣起法的相依相待而成立。即生的滅,即滅的生,即否定生滅的實性,因而可契入非生非滅的空性——

〔註 278〕印順講、續明記:《中觀今論》,正聞出版社,1992 年,第 51 頁。

〔註 279〕印順講、續明記:《中觀今論》,正聞出版社,1992 年,第 52 頁。

〔註 280〕印順講、續明記:《中觀今論》,正聞出版社,1992 年,第 45 頁。

〔註 281〕印順講、續明記:《中觀今論》,正聞出版社,1992 年,第 47 頁。

中道。其次要達到實相般若。般若分爲三種：文字般若、觀照般若和實相般若。文字般若，是修學佛法的始基，須從聽聞正法入手，這種聽聞得來的正確知識，也叫聞量。聞量的文字般若，對於中觀的認識是入門的重要起點。觀照般若，是以思慧爲主而兼攝聞慧、修慧，是實際觀察的階段，也可名爲比量。中道的正見，主要由此而來。這種觀慧雖觀察不到離言的中道勝義，而依此緣起觀，卻能深入本性空寂，成爲深入中道的不二法門。中道雖離一切相，但緣起的因果生滅，當下仍可顯示這空寂的眞理。譬如江水在峽谷中，反流而激起狂浪，而同時它即反歸於平靜，而且直趨於大海。在這怒浪狂躍時，雖未能想見海水的一味，但能順此水勢而流，必有會歸大海的可能。從緣起法以觀察中道，也即是如此。在觀照般若中，觀察思惟趣入離言卻不能離棄名言的，可說是言不是義。而因言顯第一義的境界，在這一階段，如果是由緣起法以觀察無自性的因果事相，即從緣起到緣生，那麼就可說是隨順世俗的中觀法。如果依緣起法以觀察法法無自性的本性，洗淨眾生的一切錯謬成見，即從緣起到寂滅，就可說是隨順勝義的中觀法。實相般若，就是中觀的觀法。它是隨順緣起性空的中道觀，是緣起而性空的方法論，也是隨順勝義的方法論。唯有依這種中觀的觀法，才可深入中道正觀，精勤修習，將根本顛倒的自性徹底掀翻，直證眞實，可謂是無漏現量的自證，也即是中道的現觀。三種般若中，實相般若，才是眞般若；前二般若，是達到實相般若的方便。